GAOXIAO TIYU JIAOXUE DE DUOWEI SIKAO
YU ZHONGSHEN TIYU LINIAN TANSUO

高校体育教学的多维思考与终身体育理念探索

罗敦雄 ◎著

图书在版编目（CIP）数据

高校体育教学的多维思考与终身体育理念探索 / 罗敦雄著 . -- 北京 : 中国书籍出版社 , 2023.9

ISBN 978-7-5068-9579-8

Ⅰ . ①高… Ⅱ . ①罗… Ⅲ . ①体育教学－教学研究－高等学校 Ⅳ . ① G807.4

中国国家版本馆 CIP 数据核字 (2023) 第 181791 号

高校体育教学的多维思考与终身体育理念探索

罗敦雄　著

图书策划　尹　浩　李若冰
责任编辑　李　新
责任印制　孙马飞　马　芝
出版发行　中国书籍出版社
地　　址　北京市丰台区三路居路 97 号（邮编：100073）
电　　话　（010）52257143（总编室）（010）52257140（发行部）
电子邮箱　eo@chinabp.com.cn
经　　销　全国新华书店
印　　刷　廊坊市博林印务有限公司
开　　本　710 毫米 ×1000 毫米　1/16
字　　数　210 千字
印　　张　12.5
版　　次　2023 年 9 月第 1 版
印　　次　2024 年 3 月第 1 次印刷
书　　号　ISBN 978-7-5068-9579-8
定　　价　65.00 元

前　言

随着生产方式颠覆性的革新，体力劳动逐渐被脑力劳动所取代，人们开始承受更大的生理与心理压力，并且运动量大幅减少。因此，劳动者主动参与体育活动，对保持人们的身体健康尤为重要。高校体育是沟通学校体育和社会体育的桥梁，影响着高校学生踏入社会后的身体健康水平。而终身体育由于自身的特点，能够弥补当前生产方式给人们身体健康带来的危害。高校体育如何融合终身体育的理念，如何培养学生形成终身体育意识并养成良好的体育锻炼习惯，是当前高校体育面临的课题。

本书以“高校体育教学的多维思考与终身体育理念探索”为选题，首先，阐述体育的类型和功能、体育教学的原则和理论的发展，并探讨高校体育的教学方法以及改革方向；其次，研究高校体育课堂教学的组织和管理流程，教学评价的原则和改革方向以及探索高校体育信息化教学模式，主要包括微课、慕课、翻转课堂以及混合教学模式的基本情况和具体应用；再次，围绕高校体育和终身体育的融合展开论述，并重点探讨双因素理论、计划行为理论以及终身体育理念下的高校体育教学发展；最后，对终身体育理念下高校体育教学的改革和发展进行论述。

本书撰写着力于实现三大特色：一是逻辑严谨，章节之间层层递进，引领读者认识当前高校体育多维发展的现状并对高校体育和终身体育的融合进行思考；二是具有时代性，能够让读者了解到高校体育教学的最新情况以及当下主要的体育教学理念；三是具有应用性，注意理论与实践的结合，不仅理论翔实，而且提出了体育教学的改革方向和措施，以满足体育教学工作者的现实需求。

本书在写作过程中得到了许多专家学者的帮助和指导，在此表示诚挚的谢意。由于作者水平有限，加之时间仓促，书中所涉及的内容广泛，难免有疏漏与不严谨之处，希望各位同行、专家、教师提出宝贵意见。

目　录

第一章　高校体育教学概述

第一节　体育与高校体育教学

一、体育概述

（一）体育的主要类型

1. 竞技体育

竞技体育是能够最大限度地激发人们的潜能，使人们的体格、体能、心理、运动技能等方面得到锻炼的系统的、科学的训练和竞赛。人们为了能在比赛中取得好成绩，会进行一系列科学训练和比赛，这些都属于竞技体育的一部分。竞技体育是一种特殊的体育文化现象，在体育领域中占有最高地位；是世界体育文化的主体，在大众文化中也具有很高的地位。“竞技体育具有政治、文化、教育、经济、公共服务的社会功能，对提升国家影响力，促进社会文化、教育事业繁荣，推动经济发展，服务大众生活等方面具有重要作用。”[①] 竞技体育能将人体的能力发挥到极致，观赏性和感染力均较强。同时，竞技体育也可以凝聚、团结民族力量，振奋民族精神。

2. 学校体育

学校体育是在各个学校开展的有目的的体育教育活动，由体育课、课外体育活动、体育训练和课外比赛竞技四个部分组成。学校体育教育的主要目的是锻炼学生的身体、增强学生的体质，培养学生的意志品质以及终身体育的意识。我国体育事业的发展离不开学校体育，学校体育是体育的一部分，也是教育的一部分。学校体育教育不仅能为学生终身体育打下基础，更重要的是能培养学生终身体育的意识、习惯和能力。

3. 社会体育

社会体育主要是人民群众为了锻炼身体、康复训练、休闲娱乐等而进行的体育活动，它的形式多样，受众广泛。社会体育的主要受众群体是人民群众，涉及社会生活的各个领域，包含的内容也十分多样，比如娱乐体育、休闲体育、养生体育、医疗体育等。当今社会，随着人们对自身发展的重视程度越来越高，对自身知识水平和身体素质要求也越来越高，社会体育作为提高身体素质的重要方式越来越受到人们的重视。

（二）体育的基本功能

体育的功能产生于体育的本质和社会的需要，并通过促进社会物质文明和精神文明表现出来。体育的功能具体如下。

1. 健身功能

体育是以身体的直接参与来表现的，这是体育最本质的特点，它决定了体育具有健身功能。

（1）促进人体的生长发育，加速人体的新陈代谢。

（2）刺激骺软骨的增生，促进骨骼的生长。

（3）对人体内脏器官构造的改善有着积极的作用。

① 荣思军等 . 新中国成立以来竞技体育社会功能的历史流变与启示 [J]. 山东体育学院学报，2021（37）：40.

（4）提高肌肉的工作能力。

（5）提高人体的免疫力、抗疾病能力和心理承受能力。

（6）提高人体对自然环境和社会环境的适应能力，延缓衰老。

（7）改善大脑供血和供氧，提高中枢神经系统的适应能力，使人心情舒畅，能调节社会、生活和工作的压力。

2. 娱乐功能

体育运动既可以帮助人们提高身体素质，也可以帮助人们获得精神上的愉悦，陶冶情操。人们在运动中可以暂时放下繁忙的工作，让身心获得暂时的休息。实现体育娱乐功能的主要途径是参观和参与。体育运动具有极强的观赏性，尤其是高水平的竞技体育运动，能够展现出力量与速度的完美结合，让观众欣赏到人体力量和运动之美。另外，体育运动可以让参与者彼此相互配合，在与他人的竞技中获得不一样的身心体验，进而娱乐自身。

3. 教育功能

体育是教育的重要组成部分，体育的教育功能也是它最基础的功能。人们参与各类体育活动的同时也在接受教育，无论是在学校、俱乐部还是在训练场以及其他各类场所的锻炼，都会有教师、教练和同伴进行指导和教授。尤其在校学生处于身体生长的发育阶段，也处于世界观、价值观的形成时期，进行体育运动，不仅可以提高学生的身体素质，增强学生的体质，而且还可以让学生接受意志品质和思想道德规范等方面的教育。

与此同时，体育还具有群体性、国际性、礼仪性和竞技性等特点。体育不仅可以向人们传递某种价值观，还可以激发群众的爱国热情，增强民族凝聚力，促进人们身心健康发展。另外，人们在观看体育比赛和参与体育活动过程中也会受到社会的影响，接受社会的教育。

4. 政治功能

体育和政治客观上相互关联，不论在哪个国家，体育都要服从政治，政治对体育永远具有领导权。体育在政治中的作用主要表现在两个方面：一是在国际比赛和交流中具有重要作用；二是在群众体育发展中具有重要作用。

国际比赛可以反映出一个国家的实力。从一个国家竞技体育水平的高低，可以看出一个国家政治、经济、文化等方面的发展情况。从这个意义上来看，体育竞赛就像和平时期的战争，在竞技比赛中取得胜利可以增强人们的民族自豪感，提高一个国家在国际上的地位。

此外，体育还可以服务于外交，通过国际比赛连接不同国家，促进不同国家之间的交流合作和友好往来。

5. 经济功能

经济发展为国家发展提供物质保障，体育的发展也离不开经济的支持。一个国家体育运动的发展情况通常可以反映出这个国家的经济发展水平。经济发展可以促进体育发展，体育运动的发展又可以推动经济进步。如今，体育作为第三产业，在经济中的地位日益提升，与商品经济的联系日益密切。

体育运动主要从两个方面获得经济收益：一是大型运动会，通过印发纪念币、售卖门票、邮票、体育彩票等获得经济收益；二是日常体育活动，通过组织热门体育项目比赛，开展娱乐体育活动，售卖体育服装、体育设施，同时组织旅游活动、提供体育咨询等获得经济收益。

6. 社会功能

人的社会化就是个体社会化，是人从生物的人转变为社会的人的过程。而在这一转变过程中，体育运动扮演着重要角色，已经深入社会生活的方方面面。"人们在体育活动或竞赛当中，既有互相协作配合，又存在相互竞争，又必须遵守一定规则进行比赛活动，在体育活动中形成的交往合作、竞争、遵守规则的意识和行为会迁移到日常社会生活、学习、工作中去，有利于社会适应能力的培养。"[①]一方面，人们的基本生活技能都是通过体育运动获得的，如婴儿的被动体操、儿童的嬉戏打闹、成人的适应社会等。另一方面，人们在进行体育运动时，必须遵守体育规则，这样就能让人们养成遵守社会规则的行为习惯。

同时，体育运动具有社会性。在体育运动中，人们相互交流，彼此默契配合，可以促进人际交往，提高沟通能力。为了促进人类社会健康发展，就要在社会各类人群中普及健康和体育运动的相关知识，使青少年、中年人、老年人等不同年龄段的人都能通过获得的体育运动知识进行健康的体

① 王晓欣．体育在当代的社会功能[J].文学教育，2011（7）：65.

育活动、培养健康的生活方式。

二、高校体育教学

体育在整个教育过程中具有不可替代性。高校体育是学校教育的重要组成部分，同时又具有体育的属性和功能，是促进学生全面发展的重要手段。高校体育属于教育学和体育学下的学科层次，所以兼具体育和教育的属性。一方面，学校教育的构成包括高校体育，因此二者的目标是相同的；另一方面，体育中也包括高校体育，体育的属性被高校体育展现得淋漓尽致。大学生通过基本的身体运动和练习，强健体魄，提高身体机能，让自己的身心得到更好发展。

总的来说，通过基本的身体运动和练习，运用科学的培育方式提高大学生身体机能，让德、智、体、美在人心理和生物潜能不断开发的过程中得到发展，实现身体和心理的健康，是高校体育的目标，也是教学发展的总目标。

（一）高校体育教学的基本任务

我国高校体育的目标是让大学生具备健康体育的意识，提高体育技能，自觉坚持体育锻炼，增强自身体质；让大学生有正确的体育观念、良好的行为习惯和思想品格，全面发展德、智、体、美、劳，为发展社会主义事业打下良好的基础。而要实现这些目标，既要依照体育功能、大学生所处的年龄段，还要依照我国教育事业和现代社会的发展需要。以下这些任务可以帮助高校体育更好地实现目标。

第一，增强体质、增进健康是我国高校体育要完成的首要任务。其既反映了体育具备的最本质功能，也符合当前我国大学生身心健康发展和社会主义建设的需要。大学生正处在最具生命活力的青年期，为了促进身心的健康发展，应加强体育锻炼，养成良好的生活习惯，这样才有利于学习。高校要鼓励大学生参加各种各样的文化活动，坚持锻炼身体，保证自身内脏功能和身体发育良好，增强体质，提高抵抗力，从而具备快速适应环境和参与各种活动的能力。

第二，坚持锻炼身体，学习体育健康知识并掌握相关技能。为保证大学生具备正确的体育意识，充分了解体育健康知识，激发出大学生参与体育锻炼的热情，保证身体健康，高校要经常向大学生传授有关体育和健康方面的知识，引导他们科学地参与运动项目的锻炼，熟练掌握其技术，并养成坚持锻炼身体的好习惯。这些可以很好地满足大学生以及当代人身体健康的需要。

第三，培养良好的思想品德、意志，促进学生个性完善发展。育“体”和育“心”在高校体育中同样重要。体育本身具备的特征为高校体育提供了多种多样的形式，但高校要在筹备体育竞赛、开展运动训练活动、安排体育课程等过程中时刻关注大学生思想和意志方面的状况。鼓励学生积极锻炼身体，早日投身于社会主义现代化建设中；培养大学生具备奋发图强、敢于拼搏、吃苦耐劳、团结友爱的优秀品格；鼓励大学生积极养成健康的行为，具备发现美、表达美、热爱美的能力，让大学生实现更高更好的追求，全面提高大学生在个性方面的发展。

第四，提高运动技术水平，为国家培养体育人才。高校积极推动群众性体育活动的同时，也应着重培养一些具备专项运动才能、体育运动突出的大学生，科学合理地为他们安排训练活动，让他们充分发挥自身体能和智能的长处。同时要始终遵循体育运动的规则，向大学生灌输正确的竞技教育知识，展开科学、系统的训练，让大学生的运动水平得到极大提高。这样不仅可以丰富大学生的课余生活，也有利于高校开展各类群众体育活动，还可以为国家增加竞技运动人才的储备量。

（二）高校体育教学的主要内容

1. 体育课程教学

体育课程教学是高校体育中的重要组成部分，是实现我国高校体育的目标与任务的主要途径之一。我国教育部把体育课改为体育与健康课，这为高校体育课教学工作的正常开展提供了强有力的法规保证。

高校通过开设体育与健康理论课、体育实践课和体育保健课，能够向大学生传授体育基础理论知识，提高大学生对体育的认识，帮助大学生树立终身体育的观念；同时，也能够让大学生学习科学锻炼身体的方法，掌握锻炼身体的基本技术，并且提高大学生的体育文化素养和体育欣赏水平。

2. 课外体育活动

课外体育活动作为大学生体育教育的重要组成部分，在高校体育教育中扮演着重要角色。高校开展课外体育活动能够增强大学生的体质，保障大学生的身体健康。大学生可根据自身身体状况及个人喜好并结合自身的职业发展需要选择适合自己的课外体育活动项目，制订科学合理的锻炼计划，从而促进自己的身心健康发展。课外体育活动主要包含以下两个方面。

（1）群众性体育竞赛。群众性体育竞赛作为体育教育的另一重要形式，一般包括校内和校外两种竞赛方式。前者通常是指校内举办的以班级、年级、院系等为单位的比赛项目，如友谊赛、达标运动会等等；后者通常是指校队运动员代表学校参加的校外体育比赛。不管是哪种方式，都突出了群众性体育竞赛广泛性和多样性的特点。

（2）野外活动。在自然环境中开展的各种活动都称为野外活动，如人们常见的水上运动、冰雪运动、空中运动等。此外，人们经常提到的竞技类、健身类活动等也属于野外活动。各种各样的野外活动在陶冶大学生情操、提升大学生身体素质等方面起到了重要作用，且这种作用是一般体育运动所不能替代的。目前野外活动在发达国家体育教育领域已非常流行，这值得我国借鉴和引用。

第二节　体育教学的基本原则

"原则"一词，在汉语中通常是指"观察问题、处理问题的准绳"，在英语中含有基本要求、指导原理的意思。因此，教学原理中通常把教学原则定义为对教学的基本要求和指导原理。教学原则对整个教学过程起着指导作用。教学原则是指导教学活动的出发点，教师要根据教学原则来设计整个教学过程；教学原则是实施教学的总调节器，教师要运用教学原则来调节、控制教学活动；教学原则是衡量教学质量的准则，教学质量的高低，从根本上来说取决于教学原则贯彻得如何。因此，每个教师和教学管理者都必须掌握体育教学的基本原则。

教学原则具有规范性，属于主观性教学要素范畴。教学原则是在总结教学实践经验、认识教学规律的基础上制定的。因此，我们又将教学原则定义为：依据一定的教学目的，以对教学规律的认识为基础，用以指导实际教学工作的基本条文。由此可见，教学原则具有规范性、时代性、理论性和多样性等性质和特点。

体育教学原则是体育教学过程中必须遵守的准则或标准。体育教学原则是对体育教学实践经验及规律的概括和总结，是实施体育教学最基本的要求，是保持体育教学最基本的因素，是判断体育教学质量的基本标准。

一、合理安排活动量原则

体育教学的特点是以身体活动或称为身体运动为主。因此，高校在体育教学中要使学生身体所承受的运动负荷有效、合理，以达到锻炼学生身体、让学生掌握体育技能的目的。这就是体育教学中合理安排活动量原则。

合理安排活动量原则是依据体育教学的本质特点和体育教学的运动负荷规律提出的。一般来讲，运动负荷就是学生做练习时身体所承受的生理负荷量，它由运动强度和运动量构成。运动强度就是单位时间内身体所承受的量的大小，运动量就是运动的内容、数量、时间等。在体育教学中，教师要合理地安排活动量，使学生都能达到适宜的运动负荷，才能收到锻炼效果。

体育课的活动量是为实现课程教学目标而设定的。简单地讲，就是高校要根据课程目标、课程类型为学生安排不同的运动负荷。在体育教学过程中，参与锻炼的学生存在个体差异，包括体质不同、性别不同，具体到身体形态、身体机能、身体素质不同。因此，高校一定要根据学生的不同特点安排运动负荷。

要使体育教学过程中学生的活动量适宜，就必须根据课程目标、教学内容、教学进度、教学设计等来调整运动负荷。调整运动负荷的方法无外乎调整运动强度和运动量两个方面。强度大、量就小，强度小、量就大，这是一般的体育教学运动负荷调整原则。在体育教学中，一般调整练习的内容、练习的时间或练习的数量即可达到合理安排活动量的要求。

二、因材施教原则

因材施教原则是指在体育教学中要贯彻“面向全体学生”的精神，根据每一个学生的具体情况，实施各不相同的、有针对性的教育，使每一个学生的运动技能和身心健康都能在各自的基础上得到充分的发展。

因材施教原则是依据体育教学受学生身心发展的特点规律的制约提出的。学生身心发展在一定的年龄阶段虽然具有一定的稳定性和普遍性，但是由于每个学生的发展受遗传、生长环境等变因的影响，同一年龄段学生的身心发展又表现出很大的差异性，在运动方面尤为明显。因此，进行体育教学必须充分考虑这些个体的差异，坚持因材施教的原则，争取使每个学生都能得到平等的教育和充分的发展。

第一，深入细致地研究和了解学生。在体育教学中要贯彻因材施教的原则，首先要了解学生的个体差异，为进行因材施教的教学做好准备。充分了解和研究学生是良好教学的基础和出发点，体育教师可通过发放问卷调查、查阅资料和询问班主任等方法对学生进行细致的了解，弄清学生在身体条件、兴趣爱好和运动技能等方面存在的个体差异，并对这些个体差异进行全面的分析，在此基础上考虑区别对待的策略。对学生的个体差异，教师要用发展的眼光来看待，不能用静止的眼光来看待。

第二，正确看待并引导学生正确对待个体上的差异。在体育教学中要贯彻因材施教的原则，还必须正确看待并引导学生正确对待个体差异。体育教师自己不仅要告诉同学们不能歧视身体条件比较差的学生，也不能偏爱身体条件比较好的学生，而且要告诉同学们：人在各个方面存在个体差异是很正常的事情，特别是在身体和体育方面的个体差异更加明显，同学们不要为这些差异而沮丧，也不要因这些差异而自满，大家都有自己的发展目标和努力方向。体育教师还要告诉同学们用发展的观点来看待个体间的差异，引导大家互相帮助、互相学习、互相评价等。这样的活动和教育，能使师生共同具有正确对待个体差异的认识和行为。

第三，通过各种体育教学组织形式创造因材施教的条件。在体育教学中，体育教师要采用多种教学组织形式来对学生进行因材施教，如采用各种类型的“等质分组”（按体能分组、按身高分组、按体重分组、按技能水平分组等）的形式来进行区别对待的教学。对身体条件和运动技能有缺陷的学生要给予热情关怀和细心照顾；对身体条件和运动技能都好的学生，要为他们的进一步发展创造条件，对他们提出更高的要求，以此保证全体学生都能有进步、都能享受到学习和成功的乐趣。

第四，采用各种体育教学方法进行因材施教。有些体育教学的场合是不能通过“等质分组”的形式来解决区别对待的问题的，因此还要运用各种区别对待的教学方法进行因材施教。比如“五分手篮球”“目标跳远”等教学方法，既能让每个学生都拥有自己的挑战目标，去实现自己的突破，又能让每个学生都有勇气与强手一起同场竞技。

第五，把因材施教与统一要求结合起来。统一要求是面向多数学生，而因材施教是面向全体学生；统一要求是客观评价标准，而因材施教是主观评价标准；统一要求与学籍管理有关，而因材施教与学习自觉性有关。但是无论怎样讲，统一要求和因材施教都是体育教育的目标和手段，两者不可偏废。

三、逐步提高运动技能原则

逐步提高运动技能原则是指在体育教学中，高校要不断提高学生的运动技能，提高学生的运动成绩，实现有效的体育教学。逐步提高运动技能原则是依据较好地掌握运动技能，有利于参与终身体育的规律和体育教学条件下运动技能形成的规律提出的。不断提高学生的运动技能是体育教学最基本的要求，是判别体育教学是否有效和高质量的标准，也是判别体育教师教学能力高低的标准。

第一，正确认识运动技能的提高在体育教学中的重要意义。让学生掌握运动技能既是体育学科“授业”的本职，也是体育学科“解惑”的重要基础，更是锻炼学生身体、提高学生运动素质以及让学生体验运动乐趣和掌握体育锻炼方法的前提。体育教师要充分认识运动技能的提高在体育教学中的重要意义，认真搞好运动技能教学。

第二，帮助学生明确运动技能学习的目的，有层次地掌握运动技能。学生掌握运动技能和提高技能水平与运动员不同，主要是为了娱乐和健身。因此，体育教学中运动技能的传授要树立“健康第一”和为学生终身体育服务的思想，要围绕“较好地掌握 1 ～ 2 项常用的运动技能”“初步掌握多项可能参与的运动技能”“掌握基本作为锻炼身体方法的运动”“体验一些运动项目”等提高不同运动技能的目标，有层次和分门别类地让学生掌握他们终身体育所需要的运动技能。

第三，钻研“学理”和“教法”，提高教学质量。体育教师要让学生熟练地掌握运动技能，就必须摸清运动技能的掌握规律，特别是在体育教学条件下的运动技能的掌握规律。体育教学的学生众多、时间相对有限、教学场地和器材有限，这些条件与运动员训练和学生自由运动的条件相差甚远。因此，高校必须研究体育教学中提高技能的途径和规律，这就是“学理”研究和以“学理规律”为根据的教法研究，这类研究的积淀是制定科学的体育课程以及提高体育教学质量的前提和保证。

第四，创造提高运动技能的环境和条件。高校要让学生熟练地掌握运动技能，还必须为学生创造良好的技能学习条件，其中包括体育教师自身的运动技能水平和教学技能，也包括对场地器材的设置和教学环境的优化，还包括对学生的集体组织和开展学生的相互交流、相互评价等。

四、注重体验运动乐趣原则

注重体验运动乐趣就是在体育教学中让学生在掌握运动技能和锻炼身

体的同时，体验运动带来的乐趣，使学生喜爱运动并养成运动的习惯。注重体验运动乐趣原则是依据运动中的游戏特性和体育教学中运动情感的变化规律提出的。让学生通过体育教学和运动体验到乐趣，并对其产生兴趣，是提高体育教学质量的必然要求。让学生在体育教学和运动中体验乐趣，是终身体育的要求，同时也是体育教学的目的。

第一，正确处理和对待运动中的乐趣至关重要。每种体育运动项目都有其独特的乐趣，这种乐趣源于项目的特点和比赛的特征。在教学过程中，体育教师需要正确地对待这些乐趣，从教学目标和教学手段两个层面上获取对教学过程有积极意义和价值的乐趣。

第二，乐趣的基础是获得成功的体验。在体育教学过程中，体育教师要使学生体验到成功的乐趣，就要注意在教学方法和教学内容的选择上多加思谋，使大多数学生都有机会体验成功，而不是体验挫折。

第三，处理好体验乐趣与掌握运动技能的关系。掌握运动技能、提高身体素质是体育教学的首要目标，体育教师在体育教学中不能一味追求趣味性而放松了对运动技能的教学，最终影响教学质量。在体育教学中，高校教师既要让学生掌握运动技能，又要让学生体验运动乐趣，使学生享受到体育锻炼和体育学习带来的乐趣，二者有机地统一起来。因此，在体育教学中，体育教师应把趣味性强和教学意义强的内容作为重点；对于教学意义强但趣味性差的内容，要赋予其有乐趣的因子，使体育教学过程饶有兴趣。

第四，开发多种易于使学生体验乐趣的教学资源。教学资源的开发与利用对学生体验运动乐趣非常重要。教学内容的调整、练习条件的变化、场地器材的改变等都能给学生带来运动乐趣的体验，这需要体育教师认真地根据学校现有的各种条件进行挖掘与整合。

第五，体验成功不忘挫折、体验乐趣不忘磨炼。所有的成功都伴随着磨炼与挫折，这是一条普遍的规律。在体育教学中，体育教师要让学生经历这些磨炼与挫折，但要把握好一定的度，以不挫伤学生学习的积极性为限。

五、在集体活动中进行集体教育原则

在集体活动中进行集体教育原则是指在体育教学中要发挥运动集体的作用，在集体中特别是在小群体的自主性活动中对学生进行教育，培养学生正确的集体意识和良好的集体行为。在集体中进行教育原则是依据体育运动以集体活动形式为主，体育学习依赖体育学习集体形成的特点以及体育学习集体组成、发展和分化的规律提出的。

体育活动以竞争、协同、表现为主要特点，这些特点又与集体活动密切相连，且许多项目与集体作用很强的小群体联系密切，有些运动的比赛就是以 5 ~ 6 人组成的小群体的形式出现的，如篮球为 5 人、排球为 6 人、小足球为 5 人、健美操和艺术体操为 6 人组合等。因此，体育运动与集体形成有着天然的联系。此外，体育的教学不同于文化课或其他课的教学，受场地、器材和活动范围的影响，体育的教学经常是以小组的形式来进行的，这使得体育的教学方式也与集体形成有着内在的关联。

从体育教学的目标来讲，对学生进行集体教育既是学生社会化的要求，也是学生形成良好的集体行为参加终身体育锻炼的需要。因此，体育教学要充分发挥体育的集体教育作用，为学生未来参与社会体育打下基础。

第一，分析、研究、挖掘体育活动和体育学习中的集体要素。体育活动和体育学习中的集体要素很丰富，而集体要素中的“共同的目标”“团队的意识”“领导核心”“职责的分担”“规则的建立”“共同的活动”“共同的活动场所”都有充分的体现。体育教师应该加强对这些集体要素的关注和研究，把这些因素有目的、有意识地融入学生的集体活动和体育学习中，为培养学生的集体意识和集体行为打下基础。

第二，善于打造“集体学习”的场景。集体教育主要依据两个前提条件，一个是“共同学习的课题”，一个是“共同学习的平台”。“共同学习的课题”就是每个学生都关心、都具有学习欲望的学习任务，它可能是一个要解答的难题，可能是一个学习的关键技术和战术，也可能是需要毅力或智力的练习课题，还可能是一场关系到小群体荣誉的比赛等。这样的学习任务是凝聚学生集体意识和产生集体行为的关键因素。“共同学习的平台”就是小群体的组织构成和组织形式，但它不是一个简单的分组，也不是几个人凑在一起的简单行为，而是建立在“共同的目标”“团队的意识”“领导核心”“职责的分担”“规则的建立”“共同的活动”以及“共同的活动场所”等集体要素上的集体的实在体。“共同学习的平台”是培养学生集体意识和集体行为的载体和依托。

体育教学要贯彻在集体活动中进行集体教育原则，就必须通过教材研究挖掘那些有意义的、与运动技能教学联系紧密的“集体共同学习的课题”，还必须通过教学组织方法的改进去有意识地形成各种有效的“集体共同学习的平台”，这样集体教育才可能落到实处。

第三，开发有助于集体学习的教学技术和手段。体育教学要贯彻在集体活动中进行集体教育的原则，还必须有集体教育的技术和手段作为支撑。现在国内外的体育教学中已经开发出有利于学生集体内、集体间交流的许多教学技术和手段，教学技术主要有形成团队凝聚力的方法、集体讨论的形式、在全班面前的小组报告、小组内同学之间的相互评价等；而教学手段则主要体现在组内互动的媒介——“学习卡片”的开发和运用上。这些特殊的教学技术和手段为在体育教学中贯彻在集体活动中进行集体教育原则提供了技术上的保证。

第四，处理好集体学习和个性发展之间的关系。学生的个性发展和集体教育是相辅相成的。体育教学既要贯彻在集体活动中进行集体教育的原则，还要注意发挥学生的个性。良好的个性体现应是在集体的道德共识和集体的行为规范范畴内的个体创新，而集体也应是包容了各种被允许的个人思想和行动自由的群体集合。我们决不能一谈“集体教育”就否定那些合理的个性化的思想和行为，更不能一谈“个性发展”就纵容那些有悖于集体利益的不合理思想和行为的存在，而要把“集体教育”和“个性发展”有机地融入集体的活动和学习中。

六、安全运动与安全教育原则

安全运动与安全教育原则是指在体育教学中要使学生安全地从事运动的同时，对学生开展如何进行安全运动的教育。安全运动与安全教育原则是围绕以剧烈身体活动和器械上身体活动为主要内容的体育教学既是安全教育的难点又是安全教育的重点提出的。

体育是由角力活动、非正常体位活动、剧烈身体活动、器械上身体活动、持器械身体活动、野外活动、极限探险活动等构成的。因此，体育是一项与危险同在的文化活动，初学者在进行体育活动时危险的因素就更多一层。为此，体育教学既有确保安全的难点，又有进行安全教育的重点。体育教学的“安全运动与安全教育原则”可以说是一个一票否决性的要求，如果一堂体育课在安全活动上具有重大隐患，那么其他方面设计得再周到也是失败的。

第一，时刻对学生进行安全运动的教育。体育教师要在体育教学中贯彻安全运动与安全教育原则，必须有广大学生的密切配合。因此，体育教师要时时刻刻对学生进行安全运动的教育，让每个学生都绷紧安全的这根弦，安排专门时间讲解能保证安全的知识和要领，教会学生互相帮助的技能。

第二，建立与运动安全有关的安全制度和安全设备。对于一些比较危险的教学内容要制定严格的安全制度，限制那些危险部分的教学内容和教学手段；对于一些比较容易发生危险的体育设施要安装必要的保护装置和必要的警示标志，警示学生在自主性学习时要注意防范危险。

第三，安排负责安全的小干部。体育教师还要充分利用体育委员和其他学生干部共同防范危险，确保全班学生的运动安全。

七、提升运动认知原则

提升运动认知原则是指在体育教学中通过运动知识和运动技术的教授，培养学生的运动认知能力，增进学生对运动文化的理解，传承运动文化。提升运动认知原则是依据运动实践与运动认知相互促进的规律提出的。

运动认知是通过各种运动体验形成的一种特殊的认知方式，擅长运动的人在身体反应、神经传递方面等有突出的能力，反应快速、动作敏捷就是运动认知水平高的表现。运动认知的获得与提高不仅与人的学习、工作、生活密切相关，而且也与人的健康和幸福有密切关系。在学校教育中，不同的学科担负着不同认知能力的培养任务。体育学科的价值就是培养和提高学生的运动认知能力，促进学生认知能力的全面发展。另外，运动文化是人类灿烂文化的重要组成部分。对于这一前人创造的优秀文化，后人必须将其世代相传下去，同时，学习掌握运动文化也是提升自身运动认知能力的重要手段。因此，通过传承运动文化来提升学生的运动认知是体育学科的重要任务之一。

第一，重视体育学习中的“认知”因素，要完成“学懂”的目标。要通过体育教学，实现学生的既“会”又“懂”。“会”指的是对运动技能的掌握，“懂”指的是对运动技能原理的掌握和运动文化特征的理解。学生对运动技能原理掌握的理解有利于他们在未来的体育锻炼实践中进行“举一反三”；而学生对运动文化特征的理解则有利于他们区别运动文化与其他文化的本质与形式，以便更好地投入体育锻炼，可以说，二者都与学生的终身体育有着密切的关系。

第二，重视培养运动表象和再造想象。运动表象和再造想象是学生形成动作、掌握运动技能的基础。学生头脑中运动表象的储备越丰富，再造想象力越强，运动动作掌握得就越迅速、越准确。由于学生对某一动作的认识在很大程度上依赖于其对那个动作所形成的表象。因此，体育教师在体育教学中要经常注意学生是否形成适当的运动表象，以帮助学生获得正确的认识和知识。学生通过教师的示范、讲解或自己观看录像等，经过自己的模仿练习，形成正确而清晰的运动表象的同时，通过再造想象过程，使自身动作得以巩固、熟练，从而达到自动化。

第三，重视“发现式学习”和“问题解决式教学法”。在体育教学中，体育教师要重视“发现式学习”和“问题解决式教学法”等学习方法，以提高学生发现问题和解决问题的能力，不断提高学生对运动原理、运动学习方法的理解，从而提高体育教学的“智育”质量，并使这种理性的认识成为学生终身体育实践能力的一部分。虽然体育学科与其他认知类学科在教学过程上有很大的不同，但体育教师仍然要注意遵循学生的认知规律来考虑体育教学过程，事先将运动教材中的有关原理和知识加以归纳和整理，组成“课题串”和“问题串”来构建认知性的教学。

第四，开发有利于学生认知的教学方法与手段。要顺利完成体育教学中开发认知的任务，就必须大力开发有利于学生认知的教学方法与手段。在教学方法层面，体育教师要重视对设疑提问、问题验证、学习讨论、集体思考和集体归纳等教学方法的开发。在教学手段层面，体育教师要重视对黑板、模型、计算机课件、学习卡片等提高学生认知的教学手段的开发，从而把运动技能学习和运动认知的提高紧密地结合起来。

第三节　体育教学理论的演进和发展

一、体育教学理论的基本定位

（一）学科性质

学科性质是学术的分类特质，指一定的科学领域或一门科学分支的特质。对一门学科性质的界定，关系到其在科学领域的归属和分类等许多重要问题。体育教学理论的学科性质问题，是这门学科得以确定的基本问题。

体育教学理论之所以能够独立于其他学科而存在，就是由其特有的性质决定的。

按照目前体育教学理论已有的科研成果及社会科学对学科性质的整体归类，学科性质可以分为三类：理论科学、应用科学、理论兼应用科学。但是对体育教学理论的学科性质的界定，不能简单地套用这三类，还必须综合考虑这门学科的相关特点甚至相关概念，同时受其他相关学科性质的影响。

体育教学理论作为教学论的分科教学论，它的学科性质要在综合教学论的认识基础之上，并且结合体育学科自身的特点，概括出体育教学理论的学科性质。体育教学理论不仅要有体育教学理论知识的教学，还要把这种理论应用到实践教学中。因此，体育教学理论既要根据体育教学实践发展的需要，总结出各种类型的具体教学模式、教学策略、教学设计方法、教学技术等，还要在这些实践中总结、概括出普遍规律，以便更好地指导理论教学。所以，体育教学理论可以定位为实践性很强的理论型应用学科。

（二）研究对象

任何一门学科的发展都有一个核心领域，也都有其特定的研究对象。特定的研究对象是一门学科产生和存在的客观依据。因此，明确体育教学理论的研究对象，是实现体育教学理论科学化的首要问题，对体育教学理论的学科建设与发展具有十分重要的意义。要确立体育教学理论的研究对象，必须重点把握以下方面。

第一，体育教学理论所确定的研究对象是客观存在的，但这并不是说体育教学领域中所有的客观存在都是体育教学理论的研究对象。

第二，区分体育教学理论概念的内涵与体育教学理论的研究对象。体育教学理论概念的内涵是揭示体育教学理论所反映的对象的本质属性，体育教学理论的研究对象是指体育教学理论要研究的内容。

第三，区分体育教学理论的研究对象与研究任务。体育教学理论是研究体育教学一般规律的科学，并不等于体育教学理论的研究对象就是教学规律。

第四，体育教学理论的研究对象是由它所要解决的特殊矛盾决定的。要界定体育教学理论的研究对象，就要弄清体育教学理论所要解决的特殊矛盾是什么。体育教学理论区别于其他学科的地方，就在于它是研究教与学的矛盾。因此，抓住教与学这一本质的联系，也就抓住了教学研究的根本。

第五，区分体育教学理论研究的客体与研究对象。体育教学理论研究的客体是整体的体育教学活动，它是学校体育教学活动所指向的对象，不能完全等同于研究对象。

体育教学理论的研究对象是从体育教学中所要解决的特殊矛盾、体育教学的任务及教与学的问题出发，来研究体育教学活动中所面临和所要解决的问题。

（三）基本范畴

基本范畴可以说是一门学科最基本的问题。诸如一门学科的基本属性、研究对象、研究方法等都可以算作这门学科的基本范畴。由于体育教学是复杂教育现象的统一体，因此，要弄清楚体育教学理论的研究范畴，就要从多方面来考虑。

体育教学理论研究的三个基本范畴是：学生、体育理论与技术和媒介。在基本范畴的进一步演绎下，体育教学理论研究的内容体系形成了。

第一，学生范畴表现出来的研究内容有体育教学过程中的主体性，体育教学过程中的主体、客体及其相互间的关系问题，如何培养学生的主体性发展问题等。

第二，体育理论与技术范畴表现出来的研究内容有体育教学过程、体育教学内容、体育教学系统、体育教学规律与原则、体育教学方法、体育教学模式、体育教学组织形式等。

第三，媒介范畴所表现出来的研究内容有体育教学过程的主体性、体育教学目标、体育教学环境、体育教学艺术、体育教学管理与评价等。这些研究内容构成了体育教学理论的学科体系。

二、体育教学理论的演进脉络

自 20 世纪 70 年代开始，我国体育教育迎来了一个新的发展时期。这一时期，社会各界都认识到体育教学思想的重要性，我国政府也对学校体育教学的基本任务进行了明确，即在增强和改善学生体质的同时，促进学生的全面发展。此外，我国政府在这一时期明确规定，各个学校应以自身特点为依据，开展多样化的体育活动竞赛。

20 世纪 80 年代初，由于受到国际竞技体育思想的影响，我国的一些学校开始尝试在开展体育课时以某一项运动训练为主，结果大大增强了学生的体质。自此，竞技体育成为体育教学的重要指导思想之一。在这一体育教学思想的影响下，我国逐渐建立起竞技化的体育教育体制，促使学校在开展体育教学时日益重视运动训练，以发展学生的竞技体育能力，培养我国竞技体育事业所需要的人才。不可否认，这一体育教学思想对我国竞技体育人才的发现与培养产生了积极意义，但也存在过度强调学生竞技体育素质、忽视学生体育学习兴趣的不足。因此，这一时期的学生在参与体育活动时，普遍存在积极性不高的情况。

为了改变学生参与体育活动积极性不高的情况，我国提出了快乐体育教学思想。快乐体育教学思想与我国提出的素质教育思想是相通的，即强调在体育教学中切实以学生作为中心，促进师生之间形成和谐的关系，让学生在体育学习的过程中能够获得快乐和成功的感觉，继而提高学生学习体育的兴趣。

进入 20 世纪 80 年代后，伴随着体育教育的不断发展，体育的整体效益论思想产生了。该体育教学思想认为，对体育教育的认知必须涉及生物、心理和社会三个维度，即体育教育应促进学生身心的全面协调发展。

到了 20 世纪 90 年代以后，我国的经济不断得到新的发展，社会生活水平也有了大幅提升。在此影响下，新的体育教学思想不断出现，体育教学也随之得到了有效改革。其中，比较有代表性的体育教学思想有“以人为本”体育教学思想、“健康第一”体育教学思想、终身体育思想以及创新教学思想等。这些新的体育教学思想与我国新时期的社会发展现实和发展需要是相符合的，因而能指导我国体育教学不断取得理想的效果。

进入 21 世纪以后，我国学校体育教学改革仍在继续，新的体育教学思想也将不断涌现，从而推动我国体育教学的进一步发展与完善。

三、体育教学理论的发展趋势

（一）逻辑结构趋于科学化

“学科”必须在一定程度上反映“科学”的结构。“学科”的内容不是片断的、枝节的知识集合体。“学科”不能没有逻辑，而且“学科”的逻辑应依存于“科学”的逻辑。换言之，科学的逻辑框架在相当长时期内是相对稳定的，“学科”的内容应当依据这一框架加以厘定。有一种教育理论是，逻辑上复杂的结构，可以用大量不同的方法加以评价。就它包含经验判断而言，要受有关经验事实的检验；就它包含价值判断而言，易受各种哲学论点的责难；就它是一种论点而言，要受内部一致性的检验。假如某种教育理论经不起上述任何一方面的检验，人们就不会用它来指导教育实践。因此，理解一种教育理论和体育教学理论的逻辑结构是十分重要的。

要研究体育教学理论的学科逻辑结构，还要关注其学科性质，因为不同学科性质的体育教学理论有着不同的逻辑结构。学科可分为理论学科和应用学科,而体育教学理论学科被定位为融理论与应用于一体的综合学科。作为综合学科，它既要包含“描述—解释”的理论，又要包含“构想—规范”的理论。教育理论是一种实践性理论，它与描述性理论、解释性理论（后两种又称“科学理论”）在结构上有很大不同。

体育教学理论的学科逻辑结构应该趋向于在对体育教学理论的描述解释的基础上，即对体育教学理论相关概念、发展历程等的描述解释的基础上，对体育教学实践理论遵循目标假定、对象假定、内容和方法假定的逻辑顺序进行阐述，这就构成了体育教学理论的逻辑体系。

（二）教材体系趋于理性化

作为体育教学理论学科体系的直接反映，体育教学理论的教材体系呈现出理性化发展趋势。教材体系不仅从严格的逻辑出发组织教材内容，构建教材结构，强调教材的逻辑性，注重理性分析，力求把教学论知识囊括在严密的逻辑框架之内，而且兼顾了教材编写的规范。

1. 教材逻辑结构遵循体育教学规律

体育教学理论教材内容的编排逻辑，一直是困扰体育教学理论研究者的问题。要解决这一问题，体育教学理论研究者就要找到科学的逻辑线索。体育教学理论知识大致包括三个方面：①静态的“形而上学”知识；②体育教学进程的动态知识；③体育教学（理论）发展过程的动态知识。体育教学理论研究者可以将“教学问题”作为“体育教学理论”的内容选择和组织的基本线索，因为体育教学问题既是作为科学问题提出来的，又是根据已有的体育教学理论知识中整理总结出来的。实质上，它们内在地统一了体育教学研究者的思维逻辑和学习者的认知逻辑。

根据体育教学理论学科的逻辑，结合“教学问题”这条内在的逻辑线索，并考虑到科学研究遵循从特殊到一般、从具体到抽象的归纳逻辑，而学生学习过程则普遍遵循从一般到个别、从抽象到具体的演绎逻辑，教材应当遵循学生学习过程的规律。

2. 教材编写遵循编撰原则的发展趋势

教材编写改革已经是一种趋势。因此，我国体育教学理论教材的编写工作应适应教材编写的改革趋势，除遵守教材编写的一般规范外，还应该把教材编撰原则的发展趋势纳入其中。

在编撰原则上应遵循以下方面：多元化视角——教材应有清晰的逻辑结构，并以不同的视角来解析；国际化视角——参考借鉴国外相关学科的经验；密切联系实际——引导学生掌握解决实际问题的途径和方法；遵循学习和认知规律——重视学生自学能力和理解能力的培养，教材应采用大量的例证。

在教材设计与编排上遵循以下方面：前言或序言，不仅要介绍教材的特点、特色、再版时增补的具体内容和原因等，还要向读者交代教材的使用方法，有哪些教学和学习资料等；目录，除正常的目录外，还可提供详细目录、图表目录或专题目录；参考文献，可以设计成引导学生进一步阅读的导读书目，并注重书目的编排方式。

（三）内容体系趋于整合化

1. 体育教学理论研究成果的整合

（1）对已有内容的整合。体育教学理论在20世纪末出现了飞速发展，特别是在成为独立学科之后，其内容迅速得到充实。但体育教学理论的学科内容反映在教材中，出现了总结、综合前人或他人研究成果时概括层次不清，未能将其有机地纳入自己的体系的情况。

（2）对新出现的体育教学理论的整合。随着学校体育的快速发展，体育教学理论日新月异。体育教学理论作为一门开放的学科，其内容在不断地吸收、改造前人或他人研究成果的同时，也在进一步提高抽象、概括水平，努力追求学科内容的整合化。

2. 体育教学理论与课程理论的整合

我国基础教育的新一轮课程改革，要求教学的“动态化”“人性化”“探究性”，同时从课程目标、课程内容、学习方式、课程资源等方面提出了全新的理念，使得体育教学理论在处理教学实践时遇到很多新问题。在进行体育教学时，体育教师就需要思考采用什么样的教学方法、手段，运用什么教学内容来完成目标。

此外，随着课程理论研究的深入，课程结构开始突破以往单一的学科课程的格局，课程形态日益多样化，潜在课程、综合课程、活动课程逐渐进入人们的视野。体育教学理论作为培养体育教师、研究教学理论的学科，只有整合课程论的研究内容，才能满足自身体系发展的需要。

3. 体育教学理论与学习理论的整合

随着体育教育研究的发展，体育学习理论逐步引起了体育教育研究者的重视。不管是对普通文化教学还是体育教学，体育学习理论都起着至关重要的指导作用。特别是新课程改革，它要求教学要以学生的学习为主体，要求教师不仅要知道怎么教，还要了解学生的“学”到底是一个什么过程。换言之，就是教师不仅要知道教学理论的知识，还要知道学习理论的知识，更要能够把教学理论与学习理论密切联系起来应用于实践中。因为只有了解了学生的学习是一个什么过程，才能更好地对他们实施教学，所以把体育教学理论与学习理论整合在一起是很有必要的。

第二章　高校体育教学方法设计与革新

第一节　高校体育教学方法及其重要性

一、高校体育教学方法的基本内涵

体育教学方法指为实现体育课程教学目标，由师生共同完成的一切教学活动和教学方式的总和。它是由一系列行为组成的一个操作系统，具体包含了教师和学生两个层面。我们可以从以下方面对高校体育教学方法进行理解。

第一，体育教学方法是“教”与“学”的统一。好的体育教学方法是教与学的统一体，也就是说教师和学生之间只有通过有效互动，架起沟通的桥梁，才能真正发挥出体育教学方法的作用和价值。一方面，教师作为教授知识的主体，其选用的教学方法和手段都是以学生为对象的，学生对于知识和技能的掌握及其理解能力的提升是教学活动开展的重要契机；另一方面，学生作为知识的接受者需要紧跟教师引导的步伐，积极参与学习和互动的实践。

第二，体育教学方法是师生动作和行为的总和。体育教学方法的贯彻与实施需要师生之间的互动，互动又是通过语言、动作和行为来实现的，因此可以说体育教学是师生的语言、动作和行为的综合体。具体而言，学生要掌握体育运动的理论知识或者是某种运动技能，都必须有体育教师的讲解、示范、纠正等动作的支持。在此基础之上，学生进行反复练习也是一种行为表现。

第三，体育教学方法的功能具有多样性。现代教育理念赋予了高校体育教学多样化和丰富化的功能。现代体育运动教学既关注学生运动技能的掌握、身体素质的提升，同时也更加强调学生素质的全面提升。

二、高校体育教学方法的主要内容

第一，教学策略。教学策略是教学方法的组合，是教师将多种手法和手段组合在一起进行教学的行为方式。体育教学策略的优劣主要体现在单元、课程和方案的设计上。例如，作为一种广义的教学方法，发现式教学法就是模型演示法、提问法、讨论法、归纳法等传统意义上的教学手段的有机组合。

第二，教学方法。在高校体育的层次系统中，教学方法处于“中位”。它与传统意义上的教学方法基本相同，是体育教师为达到一定的教学目标，运用教学手法进行体育教学的行为与动作的总和。例如，提问法的具体方法就是检验学生对知识的掌握情况以激励学生积极参与课堂互动和对相关问题的思考。体育教学方法其实也是一门“技术”，通常应用某一教学步骤，而且会由于不同教师教学风格的不同而呈现出不同的特征。

第三，教学手段。在高校体育的层次系统中，教学手段处于“下位”。它是传统意义上的教学方法的一个部分。我们也可以将体育教学手段理解为一种“教学工具”，能够用来协助教学课程的顺利完成。

三、高校体育教学方法的重要性

高校体育教学方法的重要性不仅体现在教学活动的进行过程中，而且在教学活动结束之后的一段时期内，给学生带来的影响也是极为深远的。因此是其他体育教学要素在功能上无法媲美的。

第一，合理的高校体育教学方法促进良好体育教学氛围的营造。科学合理的体育教学方法使得学生对体育学习的积极性以及参与体育活动的积极性都大幅度提高；适当的科学化的体育教学方法使得学生学习的专注程度有所提升，这对于形成良好的学习气氛也是非常有益的。另外，良好的学习氛围能够更好地带动所有的学生一起投入体育学习，从而形成一种良性循环，最终共同提高体育教学的质量。

第二，合理的高校体育教学方法促进学生身心素质的全面发展。任何一种体育教学方法都是受到某种或某些科学思想或理论的影响而产生的，因此可以说任何一种体育教学方法都具有一定的科学性与合理性。基于此，要达到促进学生身心健康发展的目标，体育教师就需要对体育教学方法进行合理的利用以及科学的组合使用。如果采用的体育教学方法与教学内容或者与学生的实际情况、学校的教学设施等客观条件相背离的话，不仅不能够促进学生学习能力的提升，而且还有可能会给学生的综合发展带来阻碍。

第三，合理的高校体育教学方法促进体育教学质量的提高。体育教师采用科学的体育教学方法，能够充分激发学生的学习兴趣与热情，充分发挥学生的主观能动性，这对于促进学生的学习效率和全面提高学生的体育教学质量具有积极的促进作用。

第二节　高校体育教学方法的类型划分

一、传统体育教学的主要方法

（一）传统体育主要教法

1. 语言教学法

语言教学法是指教师通过语言方式来描述体育知识、文化、动作要领、技术构成、教学安排等一系列活动要点的方法。学生通过对教师语言的理解，逐步掌握知识要点。

（1）讲解教学法。讲解教学法是指教师通过讲解来展开教学活动内容。讲解法一般用于体育理论的教学，体育教师在讲解时需要注意学生所处的认知能力和知识水平。如果讲解的深度和难度超出了学生的认知能力，让大部分学生感到难以理解，则说明教师讲解的方式或者选用的教学内容不适合学生。讲解教学法的使用要点如下。

第一，明确讲解的内容和目标。体育教师在讲解的过程中要突出讲解内容的重点和难点；讲解要有较强的目的性和针对性，也就是说在讲解之前就已经预设好讲解将要达成什么样的目标，以便在讲解过程中对课堂的整体方向有所把握。

第二，保证讲解内容的准确性。体育教师要有科学严谨的教学态度，讲解内容尤其是体育历史文化的阐述、专业术语的解释、技能方法的描述都要准确到位。

第三，讲解形式要简单明了、生动有趣。任何繁冗拖沓、枯燥乏味的内容都容易让人厌倦，因此体育教师要善于利用图片、视频等素材，同时采用多样化的表达方式，将知识点描绘得形象自然，并加以肢体动作，促进学生对知识点的理解。

第四，讲解要由表及里、易懂易学。对于同样的知识点，不同的体育教师进行教学的效果往往会有所差异，其最主要的原因之一就在于体育教师引导学生进行理解的方式不同。优秀的、有经验的教师往往更善于通过对比、类比、递推、递进式提问等形式来启发学生的想象思维和主动思考，提高学生对知识的敏感性，促进学生发现知识之间的内在联系，灵活地完成对知识要点的迁移，最终形成属于自己的知识体系。

第五，注重讲解的知识在逻辑上的先后顺序以及它们之间的内在关联性，以便学生能够更快地完成对知识的掌握并形成较为稳定的知识体系。

（2）口头评价法。作为体育教学中的教学方法之一，口头评价是最为快速和直接的一种评价和提醒。它不拘泥于某个具体的时间点和地点，既可以在课堂上进行，也可以在一节课结束之后进行。体育教师可以对学生的学习和练习以及获得的学习效果进行简要的、概括性的点评。口头评价按照评价的性质，可以分为积极评价和消极评价两种：积极评价是带有肯定、表扬和鼓励性的评价；消极评价是由于学生的表现不够理想，具有一定的批评和鞭策作用的评价。由于该评价以批评的性质为主，因此，教师尤其要注意沟通技巧、措辞方式，做到就事论事，既要让学生充分认识到自己的不足之处，又要保护学生的自尊心，不能打击学生的自信心，而是要让他们扬起风帆，迎头赶上。

（3）口令、指示法。口令、指示的语言凝练，短促有力，非常适用于体育教学中的动作教学，因此在体育教学的实践中教师可以适当通过口令指示传授给学生一定的知识。口令和指示法的应用有以下要求。

第一，发令的声音要清晰、洪亮。

第二，注意使用口令法和指示法的时机。

第三，注意口令和指示发出的语速和节奏。

2. 直观教学法

直观教学法是通过给予学生视觉等感官以刺激来促使学生对体育知识产生深刻了解。直观教学法的优势和特点是直接、生动、形象，因此产生的效果往往也更具震撼力和持久性。体育教学中有以下几种最为常见的直观教学法。

（1）动作示范法。动作示范法就是指在体育教学中，教师通过对教学内容的动作示范，来帮助学生熟悉动作的结构和动作的要领，使学生对该技术动作有一个整体的、比较形象化的了解。动作示范教学法的使用要点如下。

第一，明确示范目的。体育教师在示范之前，要明确示范的目的是什么，通过动作的展示，要使学生达到什么样的学习效果。

第二，动作的示范要标准连贯。因为体育教师的演示就是学生学习和模仿的参考，所以示范必须正确，否则一旦学生形成错误的动作习惯，会给其后续学习带来许多麻烦与不便。

第三，选择合适的示范位置和角度。这样做的主要目的是使所有的学生都能清晰地观察到动作示范，从而对技术动作产生一致性的、准确的理解和认识。

第四，将示范与讲解相结合。体育教师通过示范、讲解两种方式的配合，调动学生的听觉、视觉和触觉等多个感官的功能，使学生对技术动作有更为深刻的理解和认识。

（2）教具与模型演示。教具与模型展示是指教师利用教具和模型等实际物体来辅助体育的教育教学，使学生对技术结构的理解更加简单和轻松。教具与模型演示的使用要点如下。

第一，根据教学内容，需要提前将教具和教学模型准备好。

第二，教具、模型的展示要全面到位。尤其是对器材进行具体介绍和讲解的时候，可以让学生近距离地观察和体验。

第三，使用过程中要注意保护教具与模型。使用完之后要小心地收纳到指定的容器内，并放置到安全的地方以防损坏。

（3）案例教学法。案例教学法就是教师在体育教学中用反面对比和类比等方法来列举例子，让学生能够更好地理解所教授的内容。使用案例教学法有以下要求。

第一，案例的选取要合适，确保能够产生目标要达到的加强、对比等方面的作用。

第二，选取有关战术配合的案例时，其分析要尽量详尽一些，并且要注意从攻和守两个角度展开。

（4）多媒体教学法。多媒体教学法在现代体育教学中的使用越来越广泛，其与传统的板书教学最大的区别和优势在于：多媒体教学可以形象生动地将教学内容展示出来，通过动画和视频演示、慢放和定格等操作，将每一个动作的每一个重点和细节都精准地加以定位、展示和分析，从而使学生对动作技术有更加快速、清晰、深刻的认识。当然这也是传统的肢体示范和口头讲解都无法实现的。多媒体教学法的运用需要多媒体教学设备等硬件条件的支持，也需要教师多媒体操作技能的支持。

3. 完整教学法

完整教学法在体育教学中有着较为广泛的应用，其主要被应用于教学实践课，重点强调体育教学过程中要完整地、不间断地对整个技术动作的过程进行展示，使学生从整体上了解动作的概念并产生深刻的印象。完整教学法在体育教学中的应用，有以下要点需要注意。

（1）整体展示要及时。也就是说在通过语言讲解完之后，要尽快进入整体展示的阶段，保持学生在认知上的连贯性。在语言讲解和整体展示的连续、双重作用下，学生就能对技术动作有一个正确的把握。

（2）前期的动作练习要适当降低难度。对于难度系数稍大的动作，体育教师可以先降低动作的难度和要求来引导学生完成完整的动作流程，然后逐渐增加难度，待学生熟悉动作流程之后，再按照标准动作的要求来完成整个动作的学习和练习。

（3）要对动作的各个要素进行全面的解析，而不是仅仅局限于将动作连续地展示给学生看。这里的动作要素主要包括动作的发力点、支撑点、用力的方向、大小以及所有影响动作标准的细节。

4. 分解教学法

分解教学法是与完整教学法相对的，更适用于高难度的运动项目。分解教学法的主要优势是分步教学，它将原本很复杂的动作变得更容易理解和模仿，从根本上降低了技术动作的难度。具体来说，分解教学法的应用需要注意以下方面。

（1）选择技术动作分解的节点，不要破坏整个动作的连贯性。

（2）注意依次教学和加强衔接练习。对于分解后的各个部分要按照其先后顺序进行练习，之后还要将各个环节的衔接处结合到一起，并对其做专门的强化练习。

（3）将分解法和整体法结合运用，可以获得更好的教学效果。

5. 预防教学法

在学习的过程中不可避免地会出现各种各样的错误，这就要求教师注意观察学生对动作的练习情况，总结出其中的规律性，指出错误发生的根本性原因并予以纠正。预防教学法正是针对学生的错误认知、错误动作这种现象而提出的一种具有预防、阻断效果的教学方法。应用预防教学法有以下要求。

（1）在前期讲解过程中要不断强化正确的认知，并对易于出错的地方进行强调，避免学生对动作的理解产生歧义和不正确的认知。

（2）教师在正式上课之前要对可能出现问题的地方进行预估，然后设计出一套比较完善和高效的解决方案。

（3）可将口头评价的教学方法综合运用到实际的教学过程中，提示学生在关键的时候不要犯错。

6. 纠错教学法

纠错教学方法是指在实际的教学过程中，教师发现学生发生了在理论认识和动作练习上的错误之后及时纠正的一种教学方法。其中动作错误主要体现在对动作理解的偏差上，或者是由于不够熟练，达不到标准的技术动作。教师要针对不同的情况加以分析，采用不同的引导方式。纠错教学法有以下具体的应用要求。

（1）纠错时，要反复重申正确动作的关键要点，使学生真正明白错误动作产生的原因。这样才能帮助他们及时改正，使他们不会反复犯错。

（2）必要的时候，可以使用一定的外力帮助学生对于技术动作形成正确的本体感觉。比起预防性的措施，纠错具有较强的针对性，因此教师必须能精准分析错的源头，才能给出最为合理和有效的解决方案。

7. 游戏教学法

游戏教学法是指教师通过游戏娱乐的方式促使学生掌握体育知识的要

点。该教学方法应用比较广泛，可用于各个学习时期，尤其适用于低龄学生。其最大的优势在于可以极大地调动学生的学习积极性。在实施游戏教学法的过程中，教师需要注意以下方面。

（1）注意游戏的设计，其所涉及的行为方式、思维方式都应当与所教授的内容具有较高的相关性。

（2）游戏的设计和选择要注意学生的兴趣和偏好，应选择学生感兴趣的内容、方式。

（3）在游戏开始之前，教师要讲清楚游戏的规则和目标。注意讲解要有条理。

（4）在开展游戏的时候，鼓励学生要尽力而为，队友之间要形成良好的合作。

（5）在游戏过程中，教师要扮演好“警察”的角色，对于犯规的学生要给予一定的惩罚。

（6）在游戏结束后，教师要问问学生的感受，同时对学生的表现给予中肯而全面的评价。

（7）在整个游戏教学的过程中，教师要提醒学生注意安全，禁止学生做出具有安全隐患的行为。

8. 竞赛教学法

竞赛教学法就是通过组织各种比赛来促进体育教学的方法。竞赛教学法可以提升学生各方面的综合能力，是一种比较理想的训练方法和教学方法。比赛可以增加学生运动技能的实践经历，使得那些高难度的动作和技战术不是纸上谈兵；同时还可以锻炼学生的团队协作能力，以及面对突发状况时的心理调适能力和应对问题能力。关于竞赛教学法的应用，有如下注意事项。

（1）具有明确的目标。一般是通过竞赛提升学生相关运动项目的技能水平以及团队协作的能力等等。

（2）合理分组。各个对抗队的人员实力要处于不相上下的水平，这样才能通过激烈的竞争获得共同的提高。

（3）客观评价。教师要密切关注学生在竞赛过程中的表现，既要从整体上把握，又要从细节上分析，只有这样才能给学生以最客观和中肯的评价。

（4）深度理解。竞赛教学法的前提条件是学生对于运动项目有一定深度的理解，并且已经熟练掌握相关的技术动作，这样可以避免由于不熟练带来的运动伤害。

作为体育教师，不能仅限于某一种教学方法，而是应当不断地尝试和学习新的教学方法，并结合教学的实际情况科学、灵活地加以选择和组合。这样可以显著提高体育教学的质量。

（二）传统体育主要学法

1. 自主学习法

自主学习法是指学生主动发现、分析、探索，独立自主地进行体育学习的方法。但这并不意味着学生可以完全脱离教师的指导，而是要在教师一定的引导下开展自主性学习活动。体育教师指导学生进行自主性的体育学习，应当注意以下方面。

（1）难度要适当。由于是自主性学习，学习过程以学生自己思考与探索为主，这对于学生来说并不是一件轻而易举的事，因此教师要注意根据学生的年龄阶段、认知特点，为学生选择难度适当的学习内容，保证其具有一定的挑战性，但又不至于令学生无法完成。

（2）明确学习目标。教师要为学生的自主性学习制定一个清晰的学习目标。通过这个学习目标，学生能清楚地知道自己要完成的任务是什么、在这个过程中需要解决哪些问题，以及要达到什么样的水平。

（3）学生要参照学习目标，在学习过程中学会自我调控。一是对学习过程有整体的把握；二是学会积累各种学习方法，并思考学习方法与运用场景之间的联系；三是有创新思维，在具体情境较为客观的基础上将已有的知识进行迁移和组合，从而创造出专属于自己的新策略。

（4）教师要对学生的自主学习给予适当的辅助与引导。学生的自主性学习是一种有计划、有目标的学习过程，教师在这个过程当中要关注学生的学习进度，一旦学生的学习路径或思考方式与学习目标发生偏离就需要及时予以纠正。

2. 合作学习法

合作学习法是指在学习的过程中强调合作的重要性，强调学生之间的相互帮助和配合，通过合理地划分学习任务和相应的责任，最终共同解决问题，完成学习任务，达到学习目标。开展合作学习要注意以下事项。

（1）确立学习目标，通过该合作式学习预期达成的效果是什么，要重点培养学生哪方面的能力。

（2）将全部学生分成实力相当的小组，注意对不同性格、性别、特长的学生进行合理搭配，以促使学生之间相互取长补短。

（3）确定小组研究课题，引导学生合理地进行组内分工，并探讨如何提高全组的学习效率。

（4）完成小组学习任务。

（5）各个小组之间进行学习和交流，分享各自的经验和心得。通过交流和分享，各个小组可以相互学习，发现自身优势和不足。

（6）教师关注、监督和评价学生学习的过程，并与学生一起做好学习的总结。

（三）传统体育主要练法

1. 重复训练法

重复训练法就是通过不断重复某一个训练内容来提高身体素质和运动技能的一种体育学习方法。重复训练法的核心和本质就是通过重复性的动作使得某一固定的运动性条件反射不断得到加强，使得身体产生一种固定的适应机制，进而使学生实现对技术动作的掌握。

一般来说，重复训练法有两种分类方法：一种是按训练时间的长短，分为短时间重复训练法（低于 30s）、中时间重复训练法（.5 ~ 2min）、长时间重复训练法（2 ~ 5min）。另一种是按照期间间歇方式来划分，分为间歇训练法与连续重复训练法。

重复训练法的应用要求如下。

（1）强调技术动作的正确练习，如果学生连续出现错误动作应让其停止练习，防止错误被强化。

（2）科学设定学生训练负荷、强度和频率，以运动项目的特征和学生的实际情况为依据。

（3）对同一动作反复练习容易使学生产生枯燥和厌倦之感，因此教师要关注学生情绪的变化，并适当地给予调节。

2. 循环训练法

当训练内容较多的时候，可以采用循环训练法。其具体操作就是将这些训练的项目先按照一定的原则排序，依次完成之后回到最初的任务开始训练，不断重复所有训练内容。循环训练涉及不同的训练内容，因此在一定程度上可以增强学生对体育学习的积极主动性。

按照运动负荷，可以将循环训练法分为：①循环重复训练法，各训练站点之间间歇时间没有严格规定；②循环间歇训练法，各训练站点的间歇时间有明确规定；③循环持续训练法，各训练站点之间是连续的，几乎没有间歇时间。

按照运动内容，可以将循环训练法分为：①流水式循环，按一定的顺序一站接一站地周而复始；②轮换式循环，各学生在同一时间点上练习的内容不一样；③分配式循环，先在站中练习，然后依次轮换练习站。

循环训练法的应用要求如下。

（1）找出各个训练内容之间的内在逻辑和规律，合理安排它们的顺序。

（2）训练不能急功近利，而要循序渐进，一般是先练一个循环，坚持训练两到三周再增加一个循环，这样学生就有一个适应的过程。

（3）注意一次训练不得超过 5 个循环。

3. 持续训练法

持续训练法就是无间断地、持续地进行某项身体练习的训练方法，其前提要求是要保持一定的负荷、强度和运动的时间。持续训练法根据训练持续时间可分为短时间持续训练法、中时间持续训练法与长时间持续训练法。

持续训练法的应用要求如下。

（1）在训练开始前，体育教师应向学生介绍具体的训练内容及其顺序安排，同时提醒学生需要注意的要点。

（2）在持续训练过程中，体育教师要提醒学生注意训练动作的质量，并对动作的质量做出具体的要求，这样才能使持续训练获得比较好的效果。

4. 完整训练法

完整训练法是指在整个训练过程中只完成某一个动作、某一套连贯动作或者某一个技术配合，其最显著的特征是整个训练过程流畅自然、一气呵成。完整训练法的应用要点如下。

（1）完整训练法比较适用于单一技术训练。

（2）如果是针对复杂的技能训练，需要学生具有良好的基本技能。

（3）在战术配合的完整训练中，体育教师要在战术的节奏、关键环节的把握等方面对学生进行适当的指导。

5. 分解训练法

分解训练与完整训练是相对而言的，是从训练内容的各个阶段和环节出发，对其中的每一个部分做精细化的研究和训练，并做到各个击破，最后达到整体掌握的目的。

分解训练法可以分成四种：①单纯分解训练法，把训练内容分解成若干部分，然后分别练习；②递进分解训练法，把训练内容分解成若干部分，依照规律有序练习；③顺进分解训练法，训练内容分解后，先训练第一部分，再训练第一、第二部分，再训练第一、第二、第三部分……步步为营；④逆进分解训练法，与顺进分解训练法相反，先训练最后一部分，再将前一个训练内容叠加训练。

分解训练法的应用要求如下。

（1）科学分解。对于浑然一体联系紧密的部分不能强行割裂。

（2）对各个部分要做精细化研究，以便达到训练动作的精细化、标准化。

（3）熟练掌握各个分解部分之后，要通过完整练习加以巩固。

二、新型体育教学主要方法

（一）分层教学法

分层教学法是指在实际的教学中，由于学生的学习基础以及自身的认知能力处于不同的水平，故而设定不同层次的教学目标和教学任务，以防止一部分学生“吃不饱”，而另一部分学生又学不会的现象出现。因此，分层教学法极具针对性，是非常有效和实用的一种新型教学模式。高校要对传统的教学模式进行改革，适时运用分层教学法，这样才能有效提高体育教学的整体水平，促进学生迅速、全面、健康地发展。在体育教学中使用分层教学法需要注意以下方面。

第一，对教学目标进行分层。教学目标为体育教学提供了重要的指引作用，制定科学化的教学层次目标可以激发学生的学习动力，还可以有效提高学生的学习效率。如果教学目标设置的过低，学生就会觉得毫无吸引力，感到枯燥无聊，也无法集中注意力；教学目标设置的过高，学生就有可能无法跟上教学的节奏，最终也达不到预期的教学目标，严重的话还会打击他们对于体育学习的自信心。因此，体育教师一定要注意教学目标的科学分层，这样就能够使各个层次的学生展现出比较理想的学习状态，促进他们在各自所处的层次水平尽自己最大的努力，最终实现共同进步。

第二，对教学内容进行分层。教学内容的合理分层对于教学目标和教学任务的完成具有重要的意义，也是有效提高教学质量的关键性因素。对教学内容的分层，主要体现在体育教师要根据学生的不同情况安排不同难度和种类的教学内容。体育教师需要根据学生的身体状况和运动技能水平进行合理的设置，比如对于身体素质较好的、运动技能水平较高的学生可以适当提高其学习内容的难度，这样可以激发学生对知识的探索欲，帮助他们达到更高层次的学习境界；对于基础较为薄弱、身体素质偏差的学生，可以分配一些较为简单的练习内容，主要目的是逐步提高其体能素质水平，同时还要使其保持学习的兴趣和信心。由此可见，通过安排分层式的教学内容，可以促进每一位学生获得相应的进步，从而可以提高整体的教学效果。

第三，对教学对象进行分层。在分层教学法中，首要任务就是将所有的教学对象科学合理地分层。要实现这一点，教师可以通过体能测试等办法来了解学生的综合体质，还可以通过问卷咨询、实际练习和竞赛等方式来测定学生的运动技能水平层次，只有对学生的情况都考察清楚并以此为依据才可以对学生实施分层教学。在实施分层教学的过程中，体育教师也要注意观察学习的进度以及学生对知识和技能的吸收情况，同时还要和学生保持沟通，倾听学生的心声，以便及时调整教学的方案。当然也可以按照其他要素和标准来分层，比如学生的兴趣爱好等，只要方法运用得当，都可以获得不错的教学效果。

（二）娱乐教学法

采用娱乐教学法能够激发学生对体育课的兴趣，更好地焕发出体育运动本身具有的独特魅力。在娱乐教学过程的设计上，体育教师需要下功夫，积极探寻每一堂课教学内容当中的娱乐性元素，考虑如何将娱乐性元素如游戏、音乐、竞赛、趣味性道具的使用等穿插到体育教学过程当中。这样可以充分展现出体育教学内容的丰富性和趣味性，当学生的学习兴趣提高了，学习效率就会随之提高。与此同时，使用该方法要避免走向的另一个极端——纯娱乐，如果失去了对培养学生强健体魄和学习能力的本质任务的把握，将是得不偿失的。

（三）成功教学法

成功教学法就是教师按照学生的接受能力，将教学的技术动作的精华部分提炼出来，适当降低其整体的难度，鼓励学生凭借自己的意志力和理解能力顺利完成动作的一种教学方法。在该过程中，学生通过对技术动作的顺利完成体会到成功给自己带来的舒畅感和快乐感，这是任何外来的鼓励都无法比拟的。通过成功教学法可以重新燃起学生对体育学习的信心，培养他们坚韧不拔的意志品质，帮助他们形成正确的学习动机，这对于运动技能的提升是非常有益的。

（四）情境教学法

情境教学法是指在教学过程中，教师有目的地引入或创设具有一定情感的、形象化、具体化的场景，吸引学生自觉加入，积极参与学习活动的一种教学方法。情境教学法的主要优势是：可以加深学生对教材的理解，促进学生健康心理素质的形成；可以激发出学生对于体育学习的热情，从而主动、快速地接受教师教授的知识，同时学生的学习效果也会获得较大幅度的提升，可以使学生体验到体育学习带来的快乐和成就感。情境教学法多与多媒体教学法相结合，丰富多彩的多媒体画面还可以提升学生的审美情趣、陶冶学生高尚的情操。在体育教学中采用情境教学法，可以通过以下策略提高教学效果。

第一，引入多样化的娱乐元素。教师要充分注意体育教学的娱乐性，在创设具体的教学情境时可以适当引入多样化的游戏内容，激发出学生的学习兴趣，激励学生在体育学习和练习的过程中克服各种心理障碍，逐渐形成稳定健康的体育价值观。比如在障碍跑的课程学习中，经常会有学生由于胆子小、害怕磕绊、害怕摔倒而不敢进入实战阶段，导致课堂教学无法顺利进行。因此，针对该情况，体育教师可以在障碍跑的终点处设立一个领奖台，鼓励学生通过拿到奖品努力克服面前的困难。在游戏结束后，体育教师对于那些能够克服心理障碍、努力达到目标的学生要予以表扬，对于学生不够规范的动作要及时纠正。通过这样的方法，学生克服困难的能力得到锻炼，参与积极性得到提高，同时动作的准确性也得到提高。

第二，情境创设与音乐相结合。音乐、体育和美术是相通的，这主要是说它们都具有一定的艺术性，具有较高的美学内涵。因此，将音乐等元素融入情境教学中可以发挥出情境教学的实际作用。同样的训练内容没有音乐配合和有音乐配合获得的教学效果是完全不一样的。有音乐配合的体育训练，使学生置身于音乐美的环境中，此时的体育训练已不再是一种负担而是变成了一种美的享受。此外音乐的选择也很重要，在进行身体训练时可以选择激情一点的音乐，促使学生保持较好的精神状态；当训练完毕需要休息的时候则应当选择一些比较舒缓放松的音乐，使学生的身心得到全面的放松和休息。

第三，运用语言创设教学情境。在传统课堂上，也有教学情境的创设，并且获得了不错的效果，这主要是因为课堂语言具有独特的魅力，体育教师可以通过生动的、丰富的、具有鲜明特色的语言表达方式和风格将教学内容故事化、情节化、夸张化，语言表达中的情境，同样可以给学生带来美好的学习体验。因此，在体育教学的过程中，教师要记得语言也可以创造出有意思的、独具一格的教学情境。同时，体育教师也要注意转变固有的思想观念，不断创造出具有新意的情境教学模式，从而促进体育教学事业不断地向前发展。

（五）探究教学法

探究教学法是指教师着意引导学生在教学过程中发现问题、分析问题，最终提出可行性方案而解决问题的一种教学方法。通过该教学方法，学生在探索和分析的过程中，不知不觉地掌握了相关的知识和技能，同时培养出了高超的洞察力和知识迁移的能力。探究教学法符合现代教学教育理论以及以学生为主体的教学理念，因此越来越受到体育教师的重视。在探究教学法的应用过程中，要注意以下问题。

第一，目的要明确。教师要提前确认研究计划，确保体育教学目标的实现。探究的目标模糊或者实际的教学与探究的目标相背离，会造成无效的教学，浪费师生的时间和精力。

第二，探究的内容和主题要和学生的运动水平以及他们的认知能力相匹配。教学内容太简单，会使学生感到没有激情和挑战性，继而产生无聊的感觉；内容难度设置太过于高深，又会打击学生对体育学习的自信心。

第三，对于一些难度偏大的探究性客体，学生通过努力仍然没有较为理想的思路时，体育教师要适度地给予启发和鼓励。

（六）微格教学法

“所谓微格教学，是将复杂教学过程中各种技能进行简化的一种教学方法，其别名有‘小型教学’‘微型教学’‘微观教学’等。”[①] 微格教学法是为了将枯燥的体育理论知识变得形象生动更具吸引力，而采用一定信息化技术手段的教学方法。具体而言，就是利用录像、音频等手段建立一种可操作可调控的体验系统，学生通过该体验系统进行体育理论的学习，对体育知识和动作技能产生清晰明了和感性深刻的认识，从而提高了自身的体育运动技能。

1. 微格教学法的操作过程

（1）提前准备好课件。体育教师需要在课前对视频进行剪辑处理，并制作成教学课件。将信息化技术应用于体育教学可以使得教学内容更加丰富和形象，这对于调动学生的学习主动性具有积极的促进作用。教师在讲解了基本的体育理论知识之后，向学生展示视频或音频课件，通过这些具有感性化的视听材料，使学生对体育知识和动作技能的理性认识逐步加深，从而可以从根本上提升学生的体育运动技能。

（2）教学以学生为主体。教学内容要考虑到学生的发展方向以及关注学生本身的兴趣所在。一方面，微格教学在教学内容的选择上应当有针对性，要着重培养学生将来的专业或岗位所必需的素质和能力；另一方面，教师也要注意学生的时代特征和个性化特征，尽量选择具有典型意义和在学生群体中普遍受欢迎的体育教学内容。与此同时，教师还要注意在体育教学过程中给学生留下一定的思考的时间和空间，引导学生作进一步思考和探讨，让学生在和谐、温馨、互助的学习氛围中感受到体育学习的乐趣和意义所在。

（3）结合其他教学方法。教师在采用微格教学法时，还可以结合多种体育教学法，比如选择直观教学法和分解教学法，可以强化学生对体育技能的理解和训练。

① 李志超 . 高校体育教学技能训练中微格教学的运用 [J]. 尚舞，2021（13）：86.

2. 采用微格教学法的注意事项

（1）在教学过程中，教师可根据体育教学的实际情况选用慢镜头或者回放，以便学生能够看得更加清晰明了。

（2）通过自己的演示视频，学生可以自行将其与标准动作做比较，从而很容易就能找出自己的问题所在。

（3）通过师生评价以及教师的指导，学生可以在分析和比较中，找出问题的原因所在及其解决办法。

（4）课程结束后，体育教师可以反复观看教学视频，通过微格分析处理对教学过程中的不足之处进行优化。

（七）逆向思维教学法

逆向思维教学法是指用和常规思维相反的思维方式来开展教学活动的一种教学方法。从常规的思维角度来说，教师一般都会比较习惯按照技术动作自然发生的顺序来进行体育教学，但有时候按照反常的程序来教学反而可以取得更好的教学效果。例如在跳远的教学中，教师可以先教起跳，然后教助跑和落地动作。在体育教学实践中，教师经常发现学生总是学不会一个看似很简单的动作技能，尤其是当这种问题呈现出普遍性特征时，教师就需要用逆向思维来看待，因为很有可能问题不在于学生的“学”，而在于教师的“教”，及时地反思教学中哪个环节出现了问题。这种“反思”其实也是逆向思维教学法的一种体现。

（八）对分课堂教学法

“对分课堂”是一种教学课堂的新模式。“对分课堂”的核心思想是把一堂课的总时长一分为二，前一半用于教师的讲解，后一半用于学生的自由讨论和自主探索学习。后一半时间强调的是学生的自主学习和相互交流，突出了讨论的重要性，这样可以发挥出学生的学习潜能和积极性，使其自主完成对知识和技能的深化理解。“对分课堂的教学目标是通过充分调动教师和学生两大主体的积极性，降低教师的课业负担，提高教学效率和质量的同时，又使学生的主观能动性发挥到最大，引导学生进行自主探素，从而培养出一批具有自主学习、创新、思考能力的新型人才。”[①]“对分课堂”的应用不仅可以降低教师的教学负担，还可以提高教学质量，改善教学效果。实施对分课堂教学法需要注意以下要点。

第一，对课堂时间的合理分配和利用。对分课堂最关键的要点就是要将教师的讲授和学生的交互式学习分开，而且要保证在这两个环节中间安排一定的时间让学生将教师讲授的知识要点和动作技能消化吸收。所以有人将对分课堂称为PAD课堂，这是因为其具有PAD这个界限清晰、相互分离却又相互联系的三个过程，即讲授、内化吸收和讨论。

第二，对学生进行合理分组。在划分讨论小组的时候，体育教师要注意尽量使各个小组实力均衡、男女生比例合理搭配。因此在分组之前，体育教师对学生的基本情况要做一个详细的了解，既要保证各组实力相当，也要注意任务分配的均衡性。这样就能体现各组之间的公平竞争，制造出一定的悬念，激发学生学习的动力和潜能。男女生的合理搭配，在完成任务的过程中还可以起到性别优势互补的作用，使体育课程更有激情，也能产生更好的学习效果。

第三，做好引导和启发的工作。也就是说，体育教师在布置一个具体的任务之前要对任务的要求进行详细的讲解，并启发学生学习讨论的思路，促使学生对学习任务有比较全面和深刻的理解。体育教师要让学生对整个学习的重点和难点都有所了解，同时也要对本次课程的目标和内容有所把握，让学生在相互沟通、交换意见之前先想一想如何才能够更好地实现任务目标。

第四，给予学生平等的表现自我的机会，同时要注意让所有的学生都能够清楚地观察到他们的展示。体育教师通过随机抽查和预先制定的量化标准，基本可以对对分课堂的实际学习效果做一个客观公正的判定。在开展讨论的过程中，体育教师还要鼓励学生发言，这样不仅可以锻炼发言人本人的表达能力，还可以让其他学生从别人的优秀表现中得到相应的启发，从而赋予学生自我展现以深刻的意义。

在对分课堂教学中，体育教师要提醒学生在开展讨论的过程中应以主题内容和教学目标为中心，以防剑走偏锋，脱离主题而造成无谓的损耗。也就是说，体育教师要主动承担“总导演”的角色，为学生提供适当的指

---

① 乔文雨．对分课堂教学模式在《学校体育学》课程中的应用研究[J]. 西安体育学院，2022（6）：1

引和指导，以提高学生的学习效率。

第三节　高校体育教学方法选择与革新

一、高校体育教学方法的选择方向

目前，各个学校在开展体育教学时所采用的方法都十分丰富多样，且各具特点。要想将教学方法的价值真正发挥出来，各个学校的体育教师就要重视教学方法的选择。具体来说，教师为体育教学挑选方法的标准主要有以下方面。

（一）根据教学目标选择

根据教学目标的不同，教学方法的选择也会存在一定差异性。目前，各个学校的体育教师选择教学方法的主要依据是教学目标。具体来说，体育教师在基于教学目标来选择教学方法时，需要注意如下事项。

第一，体育教师一定要基于体育教学的总目标来选择教学方法，以此确保不管是每次课的教学目标还是总体教学目标在最后都能实现。

第二，体育教师在选择教学方法时，一定要基于本次课的教学目标来选择合适的教学媒体以及方法。

第三，体育教师在选择教学方法时，一定要注意将教学目标细化，据此对教学方法加以确认，确保每一个小目标在最终都能实现。

（二）根据教学内容选择

学校体育所涵盖的教学内容十分丰富多样。为了保障学生能够很好地掌握这些教学内容，体育教师需要据此来选择特定的教学方法，这样才能确保整个教学得以顺利进行，确保学生得以深入掌握教学内容。学校体育教育教学系统中主要有两个构成系统——教学内容、教学方法，二者彼此之间存在十分紧密的联系。因此，体育教师在选择教学方法时一定要重视对教学内容的考虑。操作要求具体如下。

第一，体育教师在选择教学方法时，一定要重视教学方法的实用性，即保证其可以切实可行地在体育教学中加以运用。例如，体育教师在教授技术动作时，应该运用主观示范法来为学生讲解该技术动作；体育教师在讲授体育原理时，应该运用语言讲解教学法来按照一定逻辑逐步为学生解释该原理，让学生得以真正理解以及掌握。

第二，体育教师在选择教学方法时，应该注意基于教学内容的表现方式，以此保证学生以极大的热情尽快掌握该种教学技术。例如，图片展示这一方法具有直观性、便捷性，多媒体教学这一方法具有生动性、细致性，不同的方法具有不同的特点，体育教师可以根据实际内容选择适合的教学方法。

（三）根据教师条件选择

在体育教学活动中，体育教师不光是组织者、指导者，还是安排者、选择者、实施者。因此，体育教师在选择教学方法时同样应该对自身的相关条件进行考虑，具体要求如下。

第一，体育教师在选择教学方法时，应考虑方法是否可以将自身素质水平、知识结构、教学能力与经验发挥出来，保证教学得以顺利进行。

第二，体育教师在选择教学方法时，应着重研究这一教学方法是否和自身的教学风格、性格特征契合。

第三，体育教师在选择教学方法时，应该结合本次课的教学目的以及课堂控制进行考虑。

总而言之，体育教师在为学校体育教学选择教学方法时，一定要注意基于自己的特点进行，以便扬长避短，使教学方法更具针对性。

（四）根据学生特点选择

体育教学所面临的群体主要是学生。如果没有学生，体育教学将会失去其存在的意义。具体来说，体育教师在选择教学方法时，首先需要考虑的是是否有益于促进学生体育学习，所以一定要基于学生群体的实际需求以及特点来选择具体的教学方法。这要求体育教师既要关注学生的群体特点，又要关注学生的个体特点。具体来说，体育教师在基于教学对象即学生的特点来选择教学方法时，应该重点关注如下要点。

第一，就学生这一群体所具有的特点来说，体育教师一定要注意把控这一群体的共性，据此来选择教学方法。

第二，就学生这一群体的个体特点来说，体育教师应该注意关注学生与学生之间的不同，并据此来选择教学方法。

（五）根据教学环境与条件选择

体育教师在选择教学方法时，一定要综合对于整个教学活动牵涉到的教学因素进行考虑。其中，尤其要重视对客观教学环境与条件的考虑。教学环境不仅包含场地、器材，还包含班级人数、课时数等。

与此同时，外界社会文化环境的好与坏也会对教学环境产生十分重要的影响。体育教学条件包含体育教学的硬件条件、软件条件等。在实际开展学校体育教学活动的过程中，人的主观意志的影响会对教学方法的选择产生十分显著的影响。体育教师在选择教学方法时，除了需要关注这些客观教学环境因素之外，还需要对某一种教学方法所需必要的客观环境和条件加以充分考虑。

（六）根据教育理念选择

在选择教学方法这一过程中，教学理念具有重要的指导作用。体育教师在为学校体育选择教学方法时，应在最新体育教学理念的指导下进行，具体需要遵循如下方面。

第一，体育教师在为学校体育挑选教学方法时应坚持“以人为本”，始终都坚持将健康这一理念贯穿于学生体育参与学习过程中。这除了有益于保障学生积极主动地参与到体育学习之中，还有利于学生“终身体育”意识的形成。

第二，体育教师在选择教学方法时，应该坚持以学生为主，根据学生实际需求来进行，进而确保学生的积极主动性被充分激发出来。

第三，体育教师在选择教学方法时，应该注意强调对学生体育意识的培养、体育能力的提升，为其在走向社会后继续参与体育奠定扎实的知识与技能基础，从而保证其在未来发展中可以主动参与体育运动。

二、高校体育教学方法的重要改革

（一）体育教学理念的转变

当今社会信息技术发展迅猛，教学与网络技术的融合已经成为不可逆转的趋势。在教学中运用网络技术，可极大程度地保证收获良好的结果。为了能够将网络技术的作用发挥出来，体育教师需要及时对教学理念进行调整。对此，高校体育教师以及相关工作人员一定要以一个开放的态度来面对当下流行的新理念以及新事物，以此为现代体育教学手段在体育教师的实际应用中提供便利。体育教师要严格要求自己，提升自己的专业素质，努力在实际教学中不断发现自我、完善自我，这是现代学校体育教师素养在新形势下必须具备的一个素质。同时，这也是保证信息技术在体育教学中发挥出最大作用的关键所在。

（二）体育教学手段的创新

在创新学校体育教学手段这一实际过程中，体育教师要想收获良好的成果，应该在态度上给予重视，树立科学且正确的创新意识。体育教学手段能够有所突破、实现创新，将会对现代学校体育教学实现创新、突破传统落实理念的制约、建立起与时代相适应的现代化体育教学模式起到决定性作用。要想实现体育教学手段的创新，关键在于引导一线体育教师以及体育教学的相关管理部门对创新形成正确的思维和意识。以体育教师为例，倘若体育教师具有创新意识，那么他们不管在教学中还是在与学生日常接触中，都会时刻谨记培养学生对体育运动的兴趣，并注意学生提升创造能力。体育教学手段要想实现现代化，离不开体育教师激发学生的创造欲望、满足学生的心理需要，以及随时根据现实对体育教师进行调整的高度工作责任感。

（三）体育教学硬件设施的优化

各个学校应该加大对体育学科的多媒体场馆以及实验室资金投入以及设施建设力度，保证体育教学配备足够的体育教学场地、设施、器材装备，可以很好地满足当下体育开展教学的实际需要，这也是创新以及发展体育教学手段，使其实现现代化的基础。与此同时，体育教师还应强调科学且有效地对现代化教学设备加以应用，确保其可以更好地为体育教学实践服务。

体育教师在向学生教授体育技术时，可以对体育教学实验室加以科学合理地利用，使体育教学手段得到优化，转而成为一种结合了体育多媒体、教学实验室和室外技术实践的教学模式。这将对课堂教学效果和质量的提升产生十分重要的作用，有助于学生对复杂高难度的技术动作的快速理解以及掌握。因此，教师在开展体育教学时，可事先组织学生观看课堂内容所涉及的技术动作，让学生对这些技术动作有所理解。

除此之外，体育教师还可借助实验室的器材设备，来让学生通过真实体会这一形式对技术动作的特点进行更加深入的掌握。最后，体育教师要组织学生在实际结合运用音乐媒体的练习过程中，加深对学生练习时间以及节奏的把控，让学生正确掌握该技术动作，并对其所具有的时空感、节奏感有更深的理解，从而保障学生的学习效果可以得到有效提升。

（四）体育教学软件设施的完善

当前各个学校要注意加大对体育教学辅助软件的建设力度，在后续体育教学中应有意识地确保体育教学软件的开发水平可以得到进一步提升，使其得到迅速发展，可以更好地匹配于现有的硬件设施条件，从而可以将现代化教学手段的价值以及意义充分发挥出来。

具体来说，教师在开展体育教学的实际过程中，要基于汇集计算机、投影仪、录像播放三者于一体的多媒体技术，将那些难度相对较高的动作技术制成电脑动画，以便学生可以反复多次地、慢速地、多方位地、动静结合地观看整个技术动作的演示。

那些功能强大、全面、实操性较强的教学软件可极大程度地激发起学生学习体育动作、体育理论的兴趣。这进一步说明教学软件的开发利用在学校体育教学中有着非常重要的价值。

此外，出于进一步丰富以及拓展资源的目的，各个学校还应该搭建起相关的网上教学资源库，以便学生可以借助校园网在教学资源库中获取到自己所需以及自己感兴趣的知识，从而在线自主进行学习，这有利于为学生营造一个更好适应高度互动、个性化的智能教学环境。

三、高校体育教学方法的主要创新

（一）分阶段的教学方法

1. 准备活动的方法创新

准备环节是学校体育教学的重要环节之一。好的准备活动可确保学生不管是身体机能还是心理机能都可以快速进入准备状态，极大程度地降低运动损伤的发生概率，使整个运动过程得以顺利进行。因此，教师在创新体育教学方法的具体过程中，应该以准备活动作为着手点，使准备方法具有创新性，让学生得以放松身心，为后续教学的顺利进行提供保障。

具体来说，准备活动通常可分成两种形式——一般性准备和专项准备。在一般性准备活动中，体育教师可通过游戏的形式激发起学生的参与热情，保证学生大脑的兴奋性得以提升。而在专项准备活动中，体育教师也可基于教学内容适当引入一些与之相关的内容。

2. 课堂教学的方法创新

体育教师将创新理念融入学校体育的实际教学中，一方面，可使整个课堂氛围更加生动活泼，使原本十分枯燥且单一的训练充满乐趣；另一方面，可将学生的学习热情尽可能地激发出来，使学生不仅可以深入理解相关理论，还能尽快掌握相关的运动技能，最终促使整个教学可以取得十分理想的成效。

3. 结尾阶段的方法创新

在体育教学的整个过程中，结尾阶段所发挥的作用不容忽视，除了可使学生原本处于不平静状态的身心机能得以迅速恢复外，还能为学生后续的深入学习做好准备。对此，体育教师在进行创新时，一定要以学生的特点以及需求作为指导，大胆创新教学方法，以此来保证教学在结尾阶段可以得到升华。

体育教师可以安排一些旋律、节奏都较为舒缓的音乐，再配合一些相对舒缓的动作，引导学生的机能状态逐渐趋于平静。除此之外，体育教师还应尽可能对结尾阶段的教学形式进行丰富，可引入瑜伽、太极以及健美操等运动项目的动作，以此保证学生的学习兴趣得以激发，确保创新得以实现。

4. 游戏形式的方法创新

相对于其他类型的教学方法，游戏法更具娱乐性，可保证学生的热情得到提升，是当下较为理想的教学方法之一。因此，体育教师也应在创新教育理念的指引下对游戏方式适当进行革新，以此来引导学生在游戏中逐渐健全自身的人格、提升自己的智力、发现自己的潜能，进而将体育这一学科所具有的价值极大程度地发挥出来。

（二）组合创新教学方法

组合创新教学方法适应了现代体育教学方法优化组合的发展趋势。所谓组合创新，主要是指体育教师基于合作学习法来进一步对原有教学方法进行完善以及创新。

伴随着社会的迅猛发展，体育教学也发生了极大的改变。为保障体育教学活动的顺利进行，就要基于实际情况对其不断进行创新，以此来确保新的体育教学方法不断涌现，最终得以收获良好的效果。

第三章　高校体育课堂教学组织与评价

第一节　高校体育课堂教学的准备内容

体育课的准备，通常称为备课，即课前准备。有时人们认为备课仅仅只是写一个教案那么简单，其实不然，备课可以有不同层面的理解。从宏观层面讲，只要跟上课有关的、所做的方方面面的准备都可以称之为备课；从微观层面来说，备课可以理解为写教案。教师应充分了解备课的各要素，为课堂教学打下坚实基础。

备课是由思维转化为实操的过程。体育教师对体育学科要有过硬的把控能力，要充分了解一般理论和体育基本原理，了解当今体育课程改革的动向，了解学生的身心发展规律等，了解一些宏观层面的内容。上好一堂课，备好课是基本保障。

体育教师在备课时，要考虑到各种影响因素，其实备课的本质就是一种"预先设想"，因为在教学实施的过程中会出现一些不确定因素。在备课的过程中要对各种因素进行全面充分的衡量、分析、评判，具体包括课程、学生、教师自身、教材、场地器材等。

因此，教师有必要掌握备课过程中需要遵循的一些基本的、体育课程所独有的理论和规律。

一、把握体育学科的核心素养

学科核心素养是学科育人价值的集中体现，是学生通过学习而逐步形成的正确的价值观念、必备品格与关键能力。体育学科的核心素养主要包括健康行为、运动能力和体育品德。

（一）健康行为

健康行为是增进身心健康和积极适应外部环境的综合表现，是提高健康意识，改善健康状况并逐渐形成健康文明生活方式的关键。健康行为包括养成良好的锻炼、饮食、作息和卫生习惯，控制体重，远离不良嗜好，预防伤害事故和疾病，消除运动疲劳，保持良好心态，适应自然和社会环境的能力等。健康行为的具体表现形式为体育锻炼意识与习惯、健康知识掌握与运用、情绪调控、环境适应。

随着我国社会经济的快速发展，青少年接触社会的机会越来越多，部分青少年开始接触一些不健康的行为，极大地危害了青少年的健康成长。而体育锻炼是帮助青少年建立健康行为的重要手段之一，所以体育课堂的合理教学有着十分重要的意义。体育教师需要使用有效的教学策略，增加学生对体育课的兴趣，培养学生科学地从事体育锻炼的意识和习惯，帮助学生建立良好的健康行为。

（二）运动能力

运动能力是体能、技战术能力和心理能力等在身体活动中的综合表现，是人类身体活动的基础。运动能力的具体表现形式如下：

1. 体能

体能是学生竞技能力的基础，是学生身体机能能力、体育运动能力的综合体现。一般而言，体能是通过力量、速度、耐力、灵敏度、柔韧、协调性等运动素质表现出来的人体基本的运动能力，是运动员竞技能力的重要构成因素。

体育课对学生进行的体能训练，不仅是由它的学科特点所决定的，也是当今社会对学校体育的诉求。作为体育教师，要从体育教学有效设计的角度出发，研究制定运动项目的教学指南，利用“体育课堂教学”这块阵地，切实提高学生的运动技能，发展体能，为学生体质健康水平的提升打好基础，努力提高体育教学质量，使学生终身养成体育锻炼的习惯。

2. 技战术能力

技战术主要包括技术和战术。技术更多的是针对个人而言的，是指学生对学习的动作内容掌握的程度；而战术则不仅仅是针对个人，它更倾向于集体项目，战术更强调多人的协作配合，主要考察学生通过学习后运用技术与对情境理解的能力。因此，技战术能力主要是指学生通过学习和练习后，对相应技术与战术的运用能力。对体育学科来说，这是核心素养中需要培养的重要方面。

3. 心理能力

运动员心理能力指运动员与训练竞赛有关的个性心理特征，以及依据训练竞赛的需要把握和调整心理过程的能力。一方面，在竞技运动训练与竞赛中，运动员的体能、技能、战术能力以及运动智能，都只有在其心理能力的参与配合下，才能得到充分的体现；另一方面，在不同的条件和不同的状况下，心理能力在运动员竞赛能力中的价值也有所不同。不同类型的运动项目对运动员的心理能力有着不同的要求，而不同水平的选手在比赛时心理能力的作用也不同。

（三）体育品德

体育品德是指在体育运动中应当遵循的行为规范，以及形成的价值追求和精神风貌。对维护社会规范、树立良好的社会风尚具有积极作用。体育品德包括体育精神、体育道德和体育品格三个方面。体育精神，包括自尊自信、勇敢顽强、积极进取、超越自我等；体育道德，包括遵守规则、诚信自律、公平正义等；体育品格，包括文明礼貌、相互尊重、团队合作、社会责任感、正确的胜负观等。

培养学生良好的体育品德是德育的重要内容，也是体育学科所赋予的内在要求，是由其自身的学科特点所决定的。在体育竞技中，既要求参赛队员发挥个人能力，又需要团队的合作。因此，在体育课的预先设计中应注重对学生合作意识的培养，这是体育课程改革中对体育“育人”功能的进一步彰显。

体育课的特点是需要承受一定的运动负荷，而当今部分学生娇生惯养的情况日趋严重，怕苦怕累是他们的典型心理特征。在体育教学过程中，如果遇到需要耐力、技术难度高、身体对抗激烈的项目不少学生就胆怯、退缩。出现这种情况时，就要求教师在教学过程中要有耐心，循循善诱，进行有的放矢的教育。通过反复训练，增强学生克服困难的勇气，逐渐培养他们不怕苦、不怕累、敢担当、不屈不挠的意志品质。

对高校体育课程标准的正确把握，要求体育教师应该树立新的理念，多进行学习，教师可以通过参加教研活动、访问专家、阅读相关书籍、搜集科学论文资料等方法不断思考与自我提升，使自己所设计的教学方案更贴近课程标准的理念与要求，为课堂的有效教学打下良好的基础。

二、熟悉高校学生的发展规律

了解学生是备课过程中的一项重要内容，学生不仅是教学的对象，还是学习的主体。备课前，不了解学生的情况，就很难把握好适宜的尺度。备课前只有充分全面了解学生，才能做到因材施教。教师通过了解学生，可以加强备课的目的性、针对性和实效性，从而优化教学过程，挖掘学生潜能，促进学生人格的健康发展。具体来说，体育教师需要掌握高校学生以下的发展规律：

（一）身体素质发展

高校阶段的学生身体增长的速度逐渐减缓，此时他们的身高、体重、胸围、肌肉、骨骼都接近成年人的标准。身体发育基本成熟，骨骼已基本骨化。神经系统也发育完全，大脑皮质和机能已达到成人水平，兴奋和抑制过程基本平衡，第二信号系统起了重要的调节作用。但此时神经联系的复杂化和大脑活动的机能仍需要一段时间的发展。教师在备课时，应该抓住学生身体素质的关键期，有针对性地设计一些身体练习项目或内容，以促进学生身体素质的发展。

（二）人类动作发展

体育学科本身以身体练习为主，在学习技能的过程中，其基础就是动作。因此，教师要了解动作的发展规律、发展特征以及发展序列。教师在备课时，所选择的教材、内容要符合高校学生的动作发展规律，并且能够正确判断学生动作能力或技能水平是否符合特定年龄段的发展水平，以及识别学生动作发展的正常序列，避免因动作发展滞后带来的学习和生活障碍。

体育学习的动作发展具有一定的时序性，因此教师在备课过程中所选择的教学内容、方法、手段等都应该注意高校学生在动作发展层面上的需求。

三、掌握高校体育课程的教材

从体育学科本身来说，由于体育项目的种类比较丰富，所以可供选择的教材相对比较广泛。教材是进行教学的基础，是解决教什么和为什么教的关键，对教师课前准备及科学制定教学策略有着重要意义。

（一）明确教材解析的意义

分析教材是整个备课工作的基础，也是备好课的主要环节。只有把教材内容烂熟于心，才能为备好课提供必要的条件。对教材的充分理解和分析是备好课、上好课和达到预期教学目的的前提和关键，对顺利完成教学任务、实现教学目标具有十分重要的意义。

第一，对教材的充分理解和分析有助于教师更好地掌握体育教材的逻辑体系。分析教材有助于教师掌握教材的逻辑体系，尤其是体育学科的学习，它是以身体练习为基础的学科，在动作技能学习上有一定的逻辑性。因此，只有全面熟悉教材、分析教材，充分理解学习内容之间的关系后，才能够把握好教学活动的高效性。

第二，对教材的充分理解和分析有助于满足学生的发展需求。分析教材能够使教师清楚教材的价值所在，尤其是对于体育教材的分析，可以清楚地了解教材的理念和教育价值的所在，继而组织编排适用于教学对象的学习内容，最大限度地促进学生的身心发展。

第三，对教材的理解和分析有助于教师科学地设计教学活动方案。分析教材能够了解整个教材的基本内容，清楚教材中各部分之间的结构关系，把握教材的特点。在分析教材的基础上，选择必要的学习内容来丰富教学内容，促进学生的学习、教师对教学活动进行科学的设计，可以最大程度地优化教学活动方案。

第四，对教材的充分理解和分析有助于全面贯彻和落实体育与健康课程标准。通过认真钻研教材，全面理解和掌握教材，深刻理解教学目的和任务，把知识、能力、情感态度和价值观等培养目标具体化，并把它们合理地内化到整个学期的各单元以至每节课的教学之中。

此外，钻研教材不仅是教师教学工作的重要内容，也是体育教师进行教学研究的一种主要方法。是教师的教学能力和创造性劳动的充分体现，对于教师业务素质和自身素质的不断提高、教育理论知识的理解、教学质量的提高都具有十分重要的意义。

（二）了解体育教材的种类

由于体育项目的种类比较多样，所以可供选择的教材相对比较广泛，而教材是我们进行教学的基础，是解决教什么、怎么教的关键。不同类别的运动技能教材，在设计和实施时对教学模式是有区别的，因此准确把握动作技能“类”的归属是有效教学的重要环节之一。因此，教师应该对体育教材的种类有一定的了解。

体育学科的学习，应侧重具体内容的学习，即具体的运动技能。作为教师应该对学生学习的内容进行具体化的分析，这将有助于教师对教材的把握，保证课堂教学设计的科学性。运动技能依据不同的标准进行分类，可以使我们对运动技能有不同的理解。尤其是其划分有助于教师对教学内容的深入了解，以便于教师对教学计划方案的设计。

针对运动技能的学习来说，将运动技能划分为开放式和闭合式两类，是我们认为目前与体育学习特点比较契合的分类方法，这种分类法能够更好地服务于体育教学。以这种分类形式来设计和实施体育教学活动，能够使体育教师更好地理解教材的特点，能够有效促进学生运动技能的学习。

1. 开放性运动技能教学

开放性运动技能主要根据外部环境信息的反馈进行调节，动作时空的结构须根据外部环境变化做出相应调整。因为操作的环境线索可预测程度低、不稳定。运动员在做出技术动作之前要事先判断周围情景的变化，从而选择相应的技术动作，综观体育课堂教学的项目，如篮球（不包括罚球）、足球、排球、羽毛球、乒乓球等，都是开放式运动技能项目。学习这类运动技能应达到减少开放性或不可预期性的目的，使学习者能够确切把握环境的变化，具有处理外界信息的能力与对突发事件发生的预测能力。

根据开放式运动技能的概念，环境的变化性是开放式运动项目的核心特征，从外界环境变化到动作技能本体应答，这个学习的过程与原理在诸多开放式运动技能中是相通的。因此，可以从本体感知（对手、同伴意图、环境的感知、预判能力）、环境外显特征（动作、器材的变化）、本体决策（瞬时、合理的技术选择）和本体应答行为（合理的动作技术）四个阶段来理解开放式运动技能的形成过程与原理。

开放式运动技能的学习原理并不否认学习基本技术的重要性，而是强调在整体环境交互中学习基本技术。近年来，在开放式运动技能——球类教学中出现了许多新方法，例如领会教学法就是根据开放式运动技能特点产生的。

领会教学法把体育课堂教学的着眼点从传统的强调动作技术的发展调整为培养学生的认知能力、瞬时决断能力及兴趣。将学生认知能力和战术意识的培养作为球类教学的重要内容，将训练学生应对球类运动中的各种复杂情况和突发问题的能力作为教学的关键，并根据学生的实际情况，开展有差异性的教学，因人而异地教授各种技巧动作，最大限度地调动学生的参与性。

领会教学法强调组合技术的整体性与实用性，教师对运动技能的传授要从整体思路入手，从教学之初让学生参与降低要求的比赛（称为简单的对抗赛），使学生在实践中领会学习运动技能的重要性，从而产生"有意义学习"动力，然后再进行常规的运动技能学习，使学生充分认识到运动技能学习的意义所在，提高学习动力与效率。这种方法将学生技术动作的学习寓于攻防对抗之中，使学生能够更好地理解与把握球类运动的本质规律和不同的技术之间的内在联系。在学练过程中增加比赛中应用性练习的次数，节约了单个技术教学的时间，使得学生的实践与理论得到了较好的统一。

2. 闭合式运动技能教学

闭合式运动技能在多数情况下主要依靠内部本体感受器的反馈进行调节，动作的方法顺序，即动作操作的环境线索可预测程度高、稳定性强，运动员在做出技术动作之前不需要考虑外部情境的变化。以武术套路为例，表演者在做动作之前已经知道下一个动作是什么，所以此时他只需要考虑动作的准确性、规范性就可以完成技术动作。这类不需要考虑外部情境变化，具有一定指向性的运动项目称为闭合式运动技能项目，如健美操、武术套路、跳高、跳远、铅球等。

闭合式运动技能学习的基本方法是反复地练习，从而建立对该项运动的一种记忆。这一过程是闭合式技能学习的过程，属于以本体感受器所介入的反馈进行调节的动作，完成动作时外部环境在本质上是相对稳定的，要求运动员在动作上尽可能稳定、精确，如体操、射击、游泳、掷垒球、铅球等。学习这些技能的关键在于反复练习，直到达到理想的模式和自动化程度。

不同的运动项目有着不同的运动技能特征，根据运动技能结构的不同，将运动技能加以分类，可以使教师的教学更具有针对性，目标更明确。但是，这样按照某一特定标准来进行的技能划分并不能涵盖运动技能的所有特征，同一类型的运动技能在学练方法上仍然存在差异性。

通过对体育运动技能分类的分析，能够使教师更清楚地了解体育教材或教学内容的不同，使教师无论在内容的编排上，还是在教学方法的选择上，都会有所差别。教师在设计教学时，一定要了解项目的特征，比如篮球是怎么样，可以设计哪些形式（也可以说是内容组合、练习形式）等。但一定要围绕篮球的整体特性设计，包含该类运动的核心性关系，篮球的整体特性是同一场地内交错进行的进攻即防守型运动，而不只是简单的运球、投篮、传球等单独的技术练习。

因此，将运动技能划分为开放式和闭合式两类，能够真正地反映出体育学科学习的最大特点，同时为后续的教学设计奠定基础，也为体育的有效教学提供理论依据。

四、了解高校的软、硬件设施

体育教学的支持性条件，主要包括学校的场地、器材、人员等情况。体育教学的开展必须依赖学校的场地、器材来进行，因此教师在备课的过程中就必须清楚学校所具备的软、硬件设施情况，以便所设计的体育课能够顺利开展。同时，充分了解、分析学校的场地和器材，也会为教学资源开发改造提供基础。体育备课时可以通过思考对学校现有的场地、器材等资源进行开发改造，来促进教学。不论是备课还是教学，最终依托的都是学校的物质基础。认真分析学校的软、硬件设施，充分思考所在的外部环境，才能使所备的课具有适宜性。

第二节　高校体育课堂教学的组织与管理

一、高校体育课堂教学的基本组织形式

高校体育课堂教学组织是体育教学正常有序开展的纽带，良好的体育课堂组织管理是体育教学质量的保证，也是体育教师工作的基本内容之一，更是体育教师教学能力的重要体现。体育课堂教学是指在学校规定的课时中，按照教学计划规定的内容，由专任教师和学生在规定的教学时间及地点进行体育教授和学习活动的过程。

体育课堂教学包含三个规定因素：①有规定的时间，即体育课堂教学是在规定的时间内进行的（通常每周是按一定间隔时间安排两次课）；②有规定的内容，由专任教师进行有目的、有计划的规范系统的教学；③有规定的教学地点，它区别于课外体育活动和学生自由的体育锻炼行为，通常是安排在各种体育场馆内进行的，有规定的场地进行教学活动。

体育课的教学组织形式主要由两部分构成，一是编班教学；二是分组教学。

（一）编班教学

目前我国体育课常用的编班形式有以下三种：

第一，按自然行政班上课。原班男女生混合上课，多用于体育教师较少的学校。

第二，按男女生分班上课。可将同年级若干班级的男女生先整合在一起，再按编班容量分成男生班、女生班分别上课。

第三，按选项模块分班上课。可将具有相同兴趣和爱好的学生组成若干个班，再以班为单位分别上体育课。

（二）分组教学

分组教学是把一个班分成若干小组，教师以小组为单位进行指导的教学组织形式。这种教学既保留了班级教学的长处，又能在一定程度上解决区别对待的问题，即教师可以根据各小组的不同特点进行不同的指导。这种分组通常是以学号、身高等自然因素来进行，也可将学生按照运动能力的原始成绩分成不同水平的小组，教师根据不同小组的实际水平进行教学。每组有指定的小组长，通常起着“小教师”的作用。

教学分组有随机分组、同质分组与异质分组三种。

1. 随机分组

随机分组就是按照某种特定的方法或标准，将学生随机分成若干小组。小组成员之间没有共性，小组之间也没有明显的差异。随机分组简单、迅速，具有一定的公平性。缺点是无法很好地做到区别对待，无法综合考虑学生的兴趣爱好与体育需求，不能满足学生个性的发展及需要。

2. 同质分组

同质分组是指分组后同一个小组内的学生在体能和运动技能上大致相同。同质分组的方法通常会在教学中被不自觉地运用到。例如，在田径的跨栏课教学中，我们常设置不同高度的栏架让学生有所选择，经过一段时间的练习，每个学生都可以选择到最适合自己的栏架高度进行练习，这时的分组形式即为同质分组。在篮球教学中，常常会将篮球技术水平相当的学生分在一起进行训练，在田径的短跑课教学中，学生总是要找与自己速度相当的同学一起训练。在中长跑课的教学中，学生刚过第一圈，队伍就已经分成了几个小“集团”，这时形成的“集团”就是典型的同质分组。

3. 异质小组

异质分组是指分组后同一小组内的学生在体能和运动技能方面均存在显著差异。异质分组不同于随机分组，它是人为地将不同体能和不同运动技能水平的学生分成一组，或根据某种特别的需要对“异质”进行分组，从而缩小各组之间的差距，以利于开展游戏和竞赛活动。例如，教师可根据需要将学生的某个项目的原始成绩，用蛇形排列的方式将学生平均合理地分在各个小组中，此时形成的小组就是典型的异质分组。

又如，在练习某一运动项目时，每个小组中男女生的比例相当，之后在小组之间展开竞赛，这样的小组也是异质分组。“‘异质分组’既能帮助‘体育后进生’提高身体素质，强化运动技能，增强克服困难、战胜困难的信心，又能培养‘体育优等生’的责任感，全面提升学生的合作交往能力和解决问题的能力。”①

同质和异质的含义可以从心理学角度、身体素质角度、学习程度角度、道德品质角度等不同视角进行人为区分，从而在学校体育教学中选择有效的学习方式和方法。

二、高校体育课堂教学的主要管理流程

随着素质教育的深入发展，立足当前高校体育课堂教学实际，革新课堂教学模式，已成为高校体育教学工作者面临的新课题。高校体育教学的中心环节是课堂教学，要提高教学的质量，就必须优化教学过程。每位体育教师在上课过程中都会有一些收获或发现不足，无论多么成功的教学课，都存在可改进的地方，为使其臻于完满，就需要优化体育教学过程。

体育与健康课堂的教学常规，是为了保证体育教学工作的正常进行，对师生的教与学提出的一系列基本要求，是学校体育教学管理的一项基本工作。规范体育与健康课堂常规，不仅有助于建立正常的教学秩序，严密课程的组织形式，而且对加强学生的思想品德教育，促进学生身心的健康发展都有十分重要的作用。高校体育教学的管理流程包含课前常规、课中常规以及课后常规三部分。

（一）课前常规管理

教师课前常规包括两点：一是教师课前的准备和编写教案。教师课前应主动与班主任及体育干部联系，及时了解班级的学生情况，并根据具体情况认真备课，写好教案；二是场地、器械的准备和清洁卫生工作。教师应组织指导学生及时布置和检查场地，准备教具，一切工作应在课前准备就绪。

学生在体育课前应充分休息，饮食适度。若因病、伤及女生特殊情况

① 李健，崔成，肖兰，敏霍，中阳，赵静，付同顺．体育教学中“异质分组”学习方式的案例分析［J］．体育教学，2020（12）：39.

不能正常上课的，课前应由体育干部或学生自己主动向教师说明，教师应根据不同情况，分别妥善安排。

师生在检查和整理好自己的服装（只能穿运动服、运动鞋）后，应按约定的时间提前到达规定的集合地点，等候上课。

（二）课中常规管理

1. 教师课中常规

教师课中常规包含以下方面：

（1）教师待体育干部报告后，向学生宣布本节课的教学目标、内容要求等教学安排，并指出这节课易出现的安全问题，然后按计划逐步进入教学状态。

（2）教师按教案进行教学，在无特殊情况下，不得随意更改；关心爱护所有学生，对学生进行适时鼓励，与学生共同创建和乐的教学氛围。

（3）注意安全卫生。检查见习生执行规定目标、要求等的执行情况，以求面向全体学生。

（4）课程结束后，进行小结和讲评，让学生及时知道自己在课中的表现。提出课后学习的要求，预告下节课的内容，布置课后学生归还器械和场地整理工作。

2. 学生课中常规

学生课中常规包含以下方面：

（1）学生准时到指定地点集合上课。上课铃响后，体育干部进行整队，向教师报告班级情况。

（2）学生上课时，要专心听讲，仔细观看教师的示范动作，紧跟老师的启发引导，并积极思考，分析理解动作要领，有疑难问题及时提出，有机地把大脑思维与动作练习结合起来。

（3）学生须自觉遵守课堂纪律，爱护场地、器械，在教师的引导下，与教师共同学习努力完成此次教学的各项目标。

（4）课程结束时，学生要及时进行自我评价和对他人评价，并协助体育教师归还器械和进行场地整理工作。

（三）课后常规管理

第一，教师要检查布置学生课后归还器材等工作的执行情况，以保证下节课的正常进行。

第二，对缺课的学生，要做好书面考勤记录，并进一步调查原因，必要时给予补课或课外辅导。

第三，每次课后，教师应及时进行教学反思，并做好书面总结，如总结经验，提出改进措施等。

第三节　高校体育教学评价及其设计实施

一、体育教学评价理论概述

体育教学和其他学科一样，是按照规定的教学计划和标准进行的有目的和有组织的教育活动。而体育评价是检验体育教学质量的重要指标，需要教师与学生共同参与。根据体育学科教学目标，通过制定科学的标准，对体育教学活动的过程和效果进行评价。

（一）体育教学评价的基本分类

1. 按照评价基准进行划分

（1）绝对评价。绝对评价是根据体育教学目标对体育教学设计方案、教和学的成果所作的评价。绝对评价将体育教学评价的基准建立在被评价对象的群体或集合之外，把群体或集合中每一成员的某种指标逐一与基准进行对照，从而判断其优劣。

绝对评价的标准相对稳定和客观，教师能够获得更加客观的评价反馈，学生能够从中了解自身的学习情况，也能够看到自身与客观标准的差距。学生可以通过评价结果与客观标准对自身的学习方式等进行进一步改进，对学生和教师具有促进作用，这是教学绝对评价的优势。其缺点是评价标准的确有一定困难，很容易被主观意愿影响。

（2）相对评价。教学评价中的相对评价指在评价教学活动之前，需要将被评价对象中的一个个体设置为一定的评价基准，将其他评价个体逐一与之进行对比，以确定评价个体自身的相对位置，从而判断评价集体中每一个个体的相对优劣。一般来说，教学相对评价的基准是集体的平均水平，之后比较每一个评价个体，确定其所处的位置，如体育锻炼标准的达标、体质评价等。

相对评价具有一定的优势，教师能够从中了解学生的总体情况，也能够了解不同学生之间的学习差异，具有适用性强的特点。但是，教学相对评价也有一定缺点，因为相对评价需要建立一定的评价基准，而评价基准是不断变化的，所以教学评价很容易与教学目标偏离。

（3）自身评价。除了相对评价与绝对评价，自身评价也是教学评价的重要部分。自身评价与以上两种评价不同，自身评价是被评价个体对自身学习情况的一种自我评价，被评价个体根据自身情况对自己的各方面能力进行评价。这一评价类型主要是为了适应不同个体的差异性要求，不同的被评价个体，其学习情况各不相同，存在一定差异，为了更加高效地对每个个体进行科学评价，必须通过自身评价了解被评价个体的自我认知。

2. 按照评价内容进行划分

（1）过程的评价。体育教学活动中的过程性评价，主要是针对体育教学活动中的教学环节设计的评价，用以检验各个教学环节是否达到体育教学的目标要求。过程性评价对于体育教学活动而言，是对体育课上为使学生逐步掌握体育知识和技能所设计的各种体育竞赛游戏、活动等进行评价。学生在学习体育技能的过程中对技能的学习和掌握的方式，需要体育教师进行一定指导，在指导过程中，教师会运用针对性的教学方法，让学生能够更加快速地掌握技能，而过程性评价是对这一过程的检验，也属于一种总结性评价。

（2）结果评价。与总结性评价相类似，结果评价是对体育教育成果的评价，在体育教学活动完成之后，针对教学成果进行评价，是对学生各方面能力的一种判断，学生和教师都能够从中获得一定反馈。

3. 按照评价方法进行划分

（1）定量评价。定量评价是体育教学评价的重要方法。定量评价是对教学活动在“量”方面的评价，这一评价方法通常运用与数学有关的方法进行检验，如统计分析、多元分析等方法。定量标准有利于提高评价结果的精确性和客观性。此外，定量评价需要在一定的数据基础上进行分析，并得出规律性的结论。

（2）定性评价。定性评价作为一种重要的评价方法，其评价标准主要是指标体系中各种规范化行为的优劣程度。在体育教学评价中，定性评价一般以评语的方式表现。

定量与定性评价相辅相成，两者有着密切联系。

4. 按照评价功能进行划分

（1）诊断性评价。诊断性评价一般是在教学活动开始前进行的评价，通过对被评价个体的学习情况进行鉴定，对教学计划的顺利进行、有效实施进行测定性评价，这一评价又被称为前置评价。在体育教学前期，通过对前期教学情况进行评价，对学生的学习水平、学习基础、态度等进行全面诊断，可以对学生的学习情况有一个大致了解。使之与体育教学目标相结合，之后根据诊断性评价结果进行体育教学内容的设计，并进行教学决策。

诊断性评价一般在学期、学年开始或教学过程中进行，能够更好地对学生的学习程度进行了解，教师可以据此更加有针对性地设计教学方案。

（2）形成性评价。形成性评价与诊断性评价不同，形成性评价是教学过程中的评价。“在体育单元教学中，对学生的学习情况进行的即时评价，相对于一学期的体育学习结果评价，具有过程性或形成性评价的属性，即强调评价的反馈功能，对学生的学习过程进行评估，并及时反馈给学生，从而实现对教和学的有效调控。”① 在体育教学设计活动中进行的评价主要是形成性评价。在教学过程中，通过对教学目标和教学内容进行过程性评价，并对教学活动各个要点的层次关系进行分析，对学生的学习进展情况进行及时了解，教师也能够从中了解体育教学的成

① 王甲寅．体育单元教学中的形成性评价［J］．小学教学参考，2013（21）：81.

效，为教师进一步教学提供根据。通过及时分析评价结果，教师可以更好地调整和改进体育教学工作，巩固教学成果，同时有利于教师进一步完善教学活动，保证教学目标的顺利完成。

形成性评价主要是为了改进、完善教学过程，有利于对学生对所学知识加以复习巩固，确保他们对所学知识掌握得更为扎实并为后期学习奠定基础。

（3）总结性评价。总结性评价与诊断性评价相对。诊断性评价是前置评价，而总结性评价是后置评价，是在体育教学一个阶段结束后的评价，注重考查学生掌握某门学科的整体程度，评价的内容较广。

总结性评价是对学生一个阶段学习成果的检验，如学生对体育知识以及技术的掌握程度是否与体育教学目标相一致。此外，总结性评价不仅是对学生学习成果的检验，也是对教师教学成果的检验。

（二）体育教学评价的主要功能

1. 导向功能

体育教学评价对于体育教学活动具有导向作用，能够引导教师进一步完善教学内容与模式。不同的学科有不同的评价标准，而不同的评价标准也会有不同的评价结果。评价结果是教师对教学效果判断的重要基准。根据评价结果，教师可以对学生学习的时间、重点等进行科学、合理的分配。在这一点上，体育教学与其他学科相同，教师所规划的教学内容、重点等都会根据体育教学评价结果进行适当调整。

2. 诊断功能

体育教学评价的诊断功能主要是针对体育教学过程的鉴定而进行的，通过体育教学的结果分析其原因，使教师可以发现体育教学中存在的不足和取得的成效，让教师能够逐步改进，从而提高教学质量，以便更好地实现教学目标。体育教学评价的诊断功能可以使教师了解体育教学过程各个方面的情况，对教学效果有更客观的了解。例如，教师可以通过了解学生体育课上所学的知识和其所面临的问题，对教学方案和方法进行改进，从而制定出更有针对性的体育教学方案。对体育教学情况的诊断，能够为教师进行后续的教学活动提供反馈，让体育教师能够从中了解教学方案的适用性，判断现有教学方案是否符合教学要求，是否需要进行调整。

3. 调控功能

不同的教学模式需要不同的评价方式，也会有不同的评价结果。教学评价是一种阶段性评价，每一个教学阶段都会有相应的教学评价，以检验教学情况和效果。根据特定的标准进行的评价，得出的教学评价结果可以为教师提供相应的教学反馈，教师能够从中了解学生对体育知识和技能的掌握程度，并根据教学评价结果对体育教学活动的内容和形式进行调控，从而改进教学方式。

4. 激励功能

体育教学评价的结果对体育教师而言，是一种教学成果反馈，教师可以通过教学评价结果了解自身的教学情况。科学合理的体育教学评价对教师而言是一种激励，能够激发教师教学工作的积极性和主动性，让教师更愿意投身于教育活动。良好的教学评价能够反映出学生学习体育课程的积极性，以及对体育任课教师的认可度。同时，为了获得良好的教学评价，教师会不断地对自身教学方式和内容进行改进。这也体现了教学评价的监控作用，能够强化和促进教师的良好教学行为。

（三）体育教学评价的重要原则

体育教学评价是一种以教学目标为标准，对学生和教师进行系统化、综合型的评估，它处于不断发展、不断完善的体系中，对于提升教师的教学质量，增强学生的学习力和独立思考能力有重要的参考价值。体育教学评价同样需要相应的规则制度作为标准指导体系的完善，而完善的规则制度必须具备以下原则：

1. 科学性原则

在体育教学评价中，应注重从评价程序和方法以及评价目标入手，进行科学设计和安排评价标准。尊重客观规律，做到从实际出发，避免教学过程中的盲目跟风、经验主义，进而提高体育教学过程的科学性、合理性、严谨性，提升教师的教学质量。

要做到科学性，可以从以下三个方面入手：

（1）端正态度。如果在体育教学评价过程中质疑科学，盲目迷信个人经验，甚至是以个人直觉作为做出决策的依据，必然会导致不良后果。

（2）科学方法。科学的方法是体育教学评价沿着正确、合理的方向发展的重要途径，直接影响评价结果的公正、公平、正确。

（3）健全体系。建立健全的、合理的评价体系，才能合理安排和设置课程内容，实现理论与技能的双重教学。

2. 客观性原则

客观性又称真实性，与主观性相对，指事物客观的存在并不以人的主观意志为转移的属性。在体育教学评价中贯彻客观性原则，需要以实际存在的资料为依据，坚持实事求是的态度，对体育教学取得的实际成果、教师的教学质量及学生的学习质量进行客观评价，不掺杂主观臆断和个人情感。否则，就会使体育教学评价失去原有意义，变成个人情感输出的工具，甚至作出错误的策略调整。

要坚持客观原则，可以从以下三个方面入手：

（1）态度客观。评价者要坚持公正的立场，客观地对被评价对象作出价值判断。

（2）方法客观。评价内容、方法与主体要多元化，评价者要多方面、多角度地搜集资料，制定适合所有被评价者的方法。

（3）标准客观。尊重被评价者的个体化差异，制定客观标准，适应不同群体的实际情况。

3. 全面性原则

全面性原则要求教师在进行体育教学评价时，把被评价对象作为一个有机统一的整体看待，对其全面考查和描述，既要肯定取得成效的一面，又要看到其存在的问题，从而得到多维度、综合性的全面评价。

贯彻全面性原则，可以从以下三个方面入手：

（1）充分考虑各个评价对象。体育教学评价的对象既包括教师的教学质量，又包括学生的学习质量，以及双方在教学过程中的良性互动和结果，这些内容构成了体育教学活动的过程。只有充分考虑各个评价对象，才能避免在制定评价体系时陷入片面化的误区。

（2）兼顾主次矛盾。主要矛盾在体育教学过程中占据主导地位，对整个过程发展起决定作用。所以，对主要矛盾的重点关注十分必要，同时也不能忽视影响体育教学的其他因素。

（3）有效结合定性评价和定量评价。只有把二者有机结合，使之相辅相成，才能全面评价体育教学成果。

4. 可行性原则

可行性原则指教学评价要从当地教学实际情况出发，评价其内容、方案、指标、方法等都要符合具体条件，保证教学能够施行，而不是空想。

贯彻可行性原则，需要注意以下三点：

（1）简便易行的指标体系及方法技术。既要清晰明了，便于被评价对象自我认识、自我纠正，又要便于实施和监督。

（2）科学合理的评价项目设置及等级划分。若项目过多，被评价对象始终无法完成，则会使被评价对象陷入自我怀疑；若项目过少，则达不到预期效果。

（3）适应体育学科特色的评价指标。不同学科有不同的特色，要制定适用于体育教学特色的评价标准，尊重学科发展规律。

5. 一致性原则

统一思想、统一方法、统一目标、统一标准是进行体育教学评价的重要前提，只有坚持同样的标准进行评价，才能区分被评价对象的优劣，进而找到适用于不同被评价对象的改进方法。只有同样的标准，才能让评价变得有理可依。在体育教学评价过程中，对教师和学生提出统一的评价标准和指标，实际上是给他们提出具体的奋斗目标和要求，这些指标在教学活动中不能因为不同学校的硬件设施、师资力量、校园环境等因素而变化。

6. 激励性原则

在体育教学评价过程中，通过评价对象的语言、情感和恰当的教育教学方式，给被评价对象不同层次的肯定和认可，使之在心理上获得自信，进而改善不足、促进发展，这种原则被称为激励性原则。贯彻激励性原则，有两方面不容忽视。首先，要确保评价结果的公平、公正、公开；其次，要秉持“理论联系实际，注重事实”的原则，尊重被评价对象的个性和可能性，以激情的激发替代一味的灌输，使其愿意接受评价结果。

（四）体育教学评价的发展变革

1. 体育教学评价的发展趋势

体育教学评价作为教学管理的方式和手段，得到各教育工作者的广泛关注和高度重视，并呈现出明显的发展趋势。近年来，体育教学评价发展趋势呈现出以下特点。

（1）更新评价理念，扩展评价内容。体育教学的评价理念除了要体现出科学性，还要符合素质教育发展的要求。要明确体育运动在素质教育中的地位和作用，根据学生体育运动的实际情况，制定详细的培养计划和目标，并根据体育教学目标设计相应的教学评价指标。除此之外，需要注意的是，教学评价指标的设计要符合科学性要求，教学评价方法的选用要符合有效性要求。

目前，各方都加大对学生素质教育的力度，但并不意味着文化教育的重要性有所降低，更不能说明体育教学仅仅局限于形式，而是要从本质上建立体育教学评价的指导思想。对于评价理念的创新发展，具体有两种做法，一种是改变评价视角，从单一的评价视角转变为多元的综合评价视角；另一种是在淡化考评选拔价值和作用的同时，强化教育、反馈和激励等的作用。

如今，无论是教育领域的工作者，还是学术领域的工作者，都普遍认为各学校所制定的体育教学目标各不相同，并且教学目标具有多样性的特征。对于体育教学目标的实现，体育教学评价起着积极的促进作用，体育教学评价内容的设计取决于教学目标。因此，体育教学评价内容也趋于多元化，评价内容除了包括知识与技能的考评，还包括评价对象的主观表现，比如情感、兴趣和态度等层面。

（2）实施个体化相对评价。如今，各大学校出现了学生厌倦体育课的情况。从学生发展角度看，处于青春期阶段的学生是非常热爱体育运动的，但现实情况却相反。随着学生的成长，其对体育运动的抵触心理和厌倦情绪越来越明显，原因在于体育教学目标的设置不合理以及体育教学方法的选用不恰当，尤其是对统一评价指标体系的错误运用。比如，每个学生的先天条件各不相同，有些学生具备优秀的先天条件，即使没有付出足够的努力也能取得一定成果；对于先天条件较差的学生，要取得优秀的成绩，需要付出更多的时间和精力。也就是说，先天条件的差异化影响学生参与体育运动的积极性。因此，我们需要逐步实施个体化相对评价。通过结果评价方式，调动学生参与体育运动的积极性。

（3）运用综合评价方式。

第一，有机结合定性评价与定量评价。在体育教学评价中，运用定量评价方法，不仅保证教学评价的客观性和准确性，还提高了定量评价的地位。需要注意的是，体育教育非常复杂，包含多种不同的人文因素，而定量评价方式并不适用于评价人文因素。因此，要将定性评价和定量评价有机地结合起来，从而得出准确且客观的评价结论。

第二，诊断性评价、形成性评价和终结性评价的综合运用。传统的体育教学评价比较重视终结性评价的运用，但这种评价方式存在弊端，即教学评价的反馈作用无法体现出来，无法对学生的体育学习起到激励作用，学生对体育运动的学习没有形成正确的认识。与此同时，体育教师的教学方法也得不到完善和优化，其原因在于终结性评价是在每个学期的期末考试结束之后进行。因此，为了防止再次出现这样的问题，应改变体育教学的评价方式，从原来的单一性评价方式转变为综合性评价方式，即综合运用诊断性、形成性和终结性的评价方式。每个评价方式都有其优势，其中诊断性评价具有时效性，能够及时反映学生的学习情况；形成性评价可以促使教师及时发现自身存在的问题，反馈结果有利于教学工作的改进和完善；终结性评价为教师的自我认知提供依据，有利于教师对某个阶段的教学质量和效果形成清晰的认识。

第三，充分结合自评与他评。早期的体育教学评价以他人评价为主，忽视了体育教师的自我评价。事实上，体育教师的自我评价是教学评价中不可或缺的重要组成部分，与其他学科的教师相比，体育教师已经对体育教学活动形成了非常全面和准确的认知，并且对自身的教学水平也有一个相对清晰的认识。因此，教师的自我评价能够保证教学评价的准确性。此外，由于教师在评价自己的过程中受到利益因素影响，可能会存在不切实际的评价内容，导致评价缺乏客观性。基于此，应该将这两种评价方式充分结合起来，从而得出既客观又准确的评价结论。

除此之外，学生要客观准确地评价体育教学质量和效果，需要换位思考。对于学生而言，自我评价也是至关重要的评价方式。学生在进行自我评价的过程中，要以体育教学目标为评价依据，原因是体育教学目标为学生的体育运动发展明确了方向。此外，学生的学习目标也是非常重要的评价依据，将两个目标作为评价依据，有利于学生提高自我认知能力。

2. 体育教学评价内容的改革

对于体育教师来说，体育教学评价标准会影响其教学内容的确定，若要完善体育教学评价，需要进行全面改革，改革的具体内容主要包括以下四个方面：

（1）改进评价体制，实施多方位评价。在传统教学中，学生评价教师时处于被动地位，多数情况下，学生的评价权利会被忽视，而教师处于主导地位。因此，大多情况下，评价成为教师的“专利”。所以，这就要求我们在教学中改革评价体制。

首先，教师需要在教学中对学生的身体素质进行了解，以综合素质、运动能力以及学生在学习和锻炼中的表现作为评价依据。具有针对性的评价，往往更加容易调动学生的积极性。

其次，因为“水平目标”的设立，不同教学阶段的教学任务有所变化。教师需要改变体育教学内容，体育教学的方式以及方法都要朝着多样化发展。

最后，教师要在体育教学中依据学生的运动技能、参与项目、心理健康、社会适应、身体健康五个方面设立评价内容，多方位、全面地对学生进行评价，从而保证评价内容的客观性和科学性。

（2）评价标准由单一锻炼向综合能力转变。在体育教学中，部分学生先天条件优秀，不用积极锻炼也会在体育测试中获得良好的成绩，而一些学生因为先天不足、自身条件不高的限制，即使在体育课堂上非常积极地锻炼，在体育测试中也难以取得理想成绩，如此一来，这就会对先天条件较差的学生心理产生一定影响。因此，体育教学评价学生的标准需要由以单一的锻炼为标准转变为以综合能力为标准。体育成绩中，单一的评价并不全面，也不科学，还应该对学生进行综合考量。正确的方法便是依据课程改革，按照最新颁布的“学生体质评价标准”对学生进行考核，如此便能够兼顾体弱的学生，让其在体育运动中有参考标准，也能够让先天条件优越的学生朝着标准继续努力，可谓是一举两得。

（3）综合运用过程评价与结果评价。在早期的体育教学评价过程中，仅仅重视学生学习结果的评价，重点关注学生的运动成绩，而忽略了学生学习过程中的行为表现，从而导致教师和学生一味地追求最终的学习成果，感受不到体育运动带来的乐趣。学生的学习动力没有被激发出来，体育教学效果自然也无法突显出来。因此，要打破传统的体育教学评价模式，综合运用多种不同的评价方式，对体育教学活动进行全方面、多元化评价。

同时将评价结果及时反馈给学生，让学生寻找自身存在的缺点并加以改正，有利于学生正确、客观地认识自己的学习情况。

（4）组建学习小组，增强学生的协作能力。组建学习小组，并以学习小组为单位进行评价。该方法较多地应用在队列、队形练习、小组排球、篮球比赛、早操及课间操、各种距离的接力赛跑中，这种方法能够更好地促进小组成员的合作能力。建立评价小组，主要目的在于促进学生提高社会适应能力。因为小组内学生成绩具有统一性，某一个学生的学习表现是否良好，将影响整个小组学生的学习情况。因此，小组内其他学生会主动监督不自觉的成员，大家互相监督，健康积极的班级学习氛围就会愈加浓烈，对提高学生学习积极性、协作能力具有非常大的帮助。

二、高校体育教学设计评价及实施

针对体育教学设计作出的评价是体育教学设计评价。对教学设计结果检查的过程，也就是对体育教学方案进行检查和完善的过程。在正式将体育教学设计方案推行之前，可先试用一段时间，以便了解设计方案的不足、实用性和具体实施情况等。如有缺陷，则可予以修正，这一修正的过程可以提高体育教学设计的质量，保证我们获得最优的体育教学效果。

体育教学设计评价是体育教学设计过程的最后一个环节，也是很重要的一个组成部分。体育教学设计评价从宏观上来讲，应该包括对学段体育教学计划、学年体育教学计划、学期体育教学计划、单元体育教学计划和体育课教学设计等设计效果和质量的评价。然而，在实际工作中，体育教学设计评价主要指体育课教学设计的评价，而往往忽视了对学段体育教学计划、学年体育教学计划、学期体育教学计划、单元体育教学计划等设计评价。这种情况随着体育工作者对体育教学工作计划重要性认识的加强而得到改变。

对一份体育教学设计进行评价，是在方案完成后对其进行诊断性评价。在使用具体的设计方案前，需要进行检查，确定其是否存在错误，尤其是思想方面，比如体育教学指导思想是否符合要求，教材内容选择是否科学，内容安排是否能满足学生的学习要求、符合现阶段学生的特点，对于人体生理发展是否有利，是否充分考虑学生心理发展的特点等。之所以先对教学方案总体进行评估，是为了教学方案的实施更加顺利，避免造成人力、物力的损失。

完成诊断性评价后，还需要进行形成性评价。形成性评价可以综合多种评价方式，比如过程评价、结果评价、定性和定量评价等。教学设计方案的最后一步评价是总结性评价，经过试用后进行总结评价，也可以将不同的评价方式综合起来。体育教学设计方案的形成性评价，主要评价的是体育教学设计方案在制定和试用阶段的实用性和有效性。

（一）体育教学设计评价的重要意义

对体育教学设计的评价是从对体育教学设计方案的评价开始的。对体育教学设计方案进行评价的意义有以下五点：

第一，可以让教师对体育教学过程有全面的认识和了解。

第二，帮助体育教师熟悉体育教学设计的过程和具体实施步骤。

第三，在实施体育教学方案之前对其进行检查，使其不断完善，以保证后期教学的正常进行，为学生提供高质量的体育课程。

第四，可以检验体育教学方案是否完整、科学合理。

第五，可以不断更新体育教学设计理论，促使其更好发展。

所以，对体育教学方案进行评价是优化体育教学方案中最主要的步骤。

（二）体育教学设计评价的主要方法

第一，设计者进行检查和评价时，要按照体育教学的相关要求进行检查，将需要完善的方面总结整理出来，并进行反馈。

第二，邀请其他体育教师对体育教学方案进行评价。可以让有经验的体育教师结合自身工作实际和体育教学要求，分析体育教学方案的合理性和可实施性，为设计者提供修改意见。

第三，邀请体育教学理论和实践方面的专家对体育教学方案进行评价，在理论和实践方面为设计者提供指导。

（三）体育教学设计评价的实施过程

1. 制定综合性评价标准

评价标准的制定可以采用百分比、等级制等。在制定评价标准时应当尽可能地采用定性和定量相结合的方法。若评价某一动作技能的掌握情况，可让学生单独展示所接受的动作技能。如果学生在独立的状态下，能够顺利演示学习的动作技能，则可以认为学生的技能掌握是有效的。

2. 选择评价方法与工具

经常使用的主要评价方法有测试、调查和观察。

（1）收集任何资料都要借助评价方法和工具。测试主要是通过一定的器材、方法，设置一定的项目或试题，对学生的行为样本进行测量的系统程序。测试适合于收集体育与健康的认知目标的信息。

（2）调查一般有两种方法：问卷法和访谈法。问卷法指通过书面形式向学生提出问题，从学生的答卷中获取信息的方法。访谈法指通过与学生进行个别交谈或集体座谈获取信息的方法。

（3）观察是为了达到某种评价目标，通过现场观察，获取必要资料的方法。在进行观察之前，要准备好观察所用的表格和记录工具，明确观察内容，做到有的放矢。

3. 全方位收集设计资料

（1）向体育教学方案的设计者收集资料。在开始教学前，应向体育教学方案设计者说明情况，即评价方案的目的是更好地了解方案的质量而非设计者本人的能力，设计者本人不必紧张和焦虑。

（2）通过观察教学收集资料。在教学方案的实施过程中，需要安排专人对整个教学过程进行观察并记录，记录的内容包括：①进行每一项体育教学活动所需要的时间；②教师在教学中如何指导学生开展各项教学活动；③学生提出的问题主要集中在哪些方面；④教师对于学生的问题是怎么解决的；⑤学生在学习过程中的表现，学习是否主动、有无认真听教师讲解；⑥学生的知识掌握情况。

（3）通过测试和问卷调查收集资料。体育教学设计方案一般会先试用一段时间，试用后对其进行测试或通过问卷调查的形式进行评估。测试可以得到学习者的成绩，问卷调查主要是相关人员反馈自己对教学的意见。测试卷和问卷调查一般分开进行，在体育教学方案试用结束后开始。如果为了了解体育教学设计方案对体育健康知识和动作技能等方面的作用，测试和问卷调查应该推迟一段时间进行。

4. 观察数据并确定问题

分析观察通过测试和问卷调查所获取的信息。具体做法是：对照相关要求，将所获得的数据与之对比，观察两者之间的差距。通过对比发现其中存在的问题，然后对这些问题进行分析，找出问题产生的原因并改善。

5. 形成评价结果的报告

评价完成后，需要把对体育教学方案的评价等情况以书面形式呈现出来。形成性评价的内容主要包括：①体育教学设计方案的名称；②体育教学设计方案试用时遵循的原则；③体育教学设计方案适用的具体范围；④使用过程中需要注意的问题；⑤设计方案在评价时的侧重点；⑥对体育教学设计方案的总体评价；⑦设计方案存在的问题及需要完善的地方；⑧对教学设计进行评价的人员姓名和职称；⑨评价体育教学设计所用的时间。除了要提交评价书面报告，还需要提交评价数据表、采访相关人员得到的反馈、分析说明等。

第四章　高校体育信息化教学模式发展

第一节　高校体育的微课教学模式

一、微课教学模式的全方位解读

微课是一种全新的教学理念，“微课”的中文全称就是“微型视频网络课程”。大约在20世纪末，微课开始在世界范围内流传并被高校应用。在全世界范围内，最早关注微课并将这种教学的理念应用到教学实践中的高校就是美国的圣胡安学院。在圣胡安学院的教学尝试中，他们把微课称为“知识脉冲”，这种知识脉冲是很独特的知识，它能够带给学生不一样的学习体验。在微课教学中，人们运用最多的教学方式主要有两种：第一种是在线学习，第二种就是移动学习。微课教学一般都能够突出教学的重点以及教学的难点，它的教学时间比较短，一般控制在10分钟以内，从而能够使学生高度集中学习注意力，使学生乐于学习，接受这种学习的形式。

在教育部教育管理中心的相关文件中明确规定，微课的全称就是微型视频课程。由此可见，微课也是一种课程，它在教学中采用的呈现方式主要是教学视频。在实际的微课教学中，教师通常都会围绕一定的知识点展开讨论，结合微课视频开展一系列教学活动。从广义的视角进行分析，“微课”就是一种解说或者一种演示，这种演说或者演示是围绕某个主题的知识点展开的。同时微课视频通常都比较简短，因而人们可以突破时空的限制利用微课开展碎片化的学习，而学生的主要学习形式就是在线学习。从狭义的视角进行分析，“微课”设计的主要目的就是为了满足学生的实际学习需求，是以微课视频为主要载体的信息化教学活动。每个学生都是独立的个体，学生之间存在个体差异，因而微课能够使学生根据自身情况开展学习，能够实现学习的个性化。

需要强调的是，“微课”和“微视频”是两个不同的概念，二者之间有一定的差异。具体而言，微课包含很多部分，如微视频、微课件、微练习等。所以，可以说微视频是微课的一部分，但并不是微课的全部。

（一）微课教学的显著特征

微课和传统的教学方式相比，具有很多显著的特征，主要包括如下五个方面：

1. 微课主题更加明确

教师在教学实践中应用微课的主要目的就是为了解决很多传统教学模式在课堂中无法解决的教学难题，例如，教学的知识点复杂且缺乏一定的逻辑性、教学的重点和难点不突出等问题。

一般情况下，教师在制作微课视频时，都已经有了明确的主题，一般教师制作的微课都是围绕着教学中的重点知识或者难点知识展开的，这样微课教学就能够有鲜明的主题，学生也易于理解，从而帮助学生理清学习的思路，使学生轻松地掌握教学中的知识点。

2. 微课的多元真实性

微课的多元特点主要是指微课的资源形式非常丰富，它不仅包括视频形式的微课资源，还包括微教案、微课件等教学资源，教学资源的形式多样化。和我国传统的课堂教学模式相比较，微课这种多样化的教学资源可以提升学生的学习兴趣，使教师的教学更加精彩。在日常的教学实践中，无论是教师还是学生，他们在利用微课资源时都能够从中学习很多东西。

对于学生而言，学生在利用微课学习时，他们可以利用相应的微练习对已经学习过的知识进行练习和巩固，也可以利用相应的微反馈来检查自己的学习效果，并查看错误题目的答案，巩固自己的知识。整个过程可以大幅度提升每个学生的思维能力，使学生可以更加清晰地认识自己的学习能力。

对于教师而言，教师在制作微课的过程中也可以学习很多微课制作技能，可以提升自身的教学技巧等，这个锻炼的过程也有利于教师的专业发展。微课的真实性特点主要是指微课在设计时都会选择真实的场景，教师可以把微课和传统课堂教学结合起来。具体而言，教师在选择微课的场景时通常都会选择和所学专业相关的场景，如教师通常会选择高校的体育馆等场所来录制体育教学中相关的微课视频。这样更能够体现出微课的真实性。

3. 微课更加弹性便捷

在我国传统的教学模式中，课堂教学时间一般都是固定的，即每节课一般规定为 45 分钟。在微课教学中，微课视频的时间一般都比较短，只有 5 到 10 分钟，因而年龄比较小的学生在学习微课视频时也比较容易集中注意力，不容易分心。而且这些短小的视频也很容易吸引学生的注意力，激发学生的学习兴趣。

此外，微课的资源易于下载和储存，学生只需要携带移动设备就可以随时随地开展学习活动，非常便捷，具有极强的灵活性。

4. 微课便于共享交流

在互联网时代，网络为人们的生活提供了很多便利，它的显著优点就是可以实现资源的共享。由于微课教学依托于先进的网络技术，因而微课还有一个显著的特点，那就是可以实现资源的共享。

微课还可以为教师和学生提供一个网络信息交流的平台，当教学结束之后，教师就可以把相关的教学视频资料上传到网络上，供其他教师以及学生学习和借鉴。这也有利于教师之间切磋和学习，促进教师专业发展。

5. 微课更加生动便于实践

前四个方面的特点使得微课受到社会各界人士的好评，对于一线教师来说更是如此。由于微课开发的主体是广大一线教师，加之微课开发的本身就是以高校的教学资源、教师的教学与学生的学习为基础的，越来越多的高校开始对微课这种新的学习方式进行探索研究，挖掘本校的微课建设，本身就具有很强的实践性。

在实践的过程中，需要注意微课的表达方式，生动活泼不仅体现在精美的画面、动听的音乐以及明确的主题上，还体现在精心设计的流程及其相应的互动方式上。

（二）微课教学的主要类型

微课的类型划分并没有唯一的标准。按照不同的标准，微课可以有不同的分类方法，每种分类方法又可划分出不同的微课类型。

1. 按照用户主体划分

按照用户主体进行划分，微课主要有以下类型：

（1）教师发展微课。教师发展微课主要的用户是教师，这种微课包含的主要内容是教学理念、教学方法、教学评价机制等。主要是针对教师的教学技能来培训，也是教师设计教学任务的模板。教师发展微课用于教育研究活动、高校教师培训、教师网络研修等，这样可以提升教师的教育教学能力，改善教师的工作方式，促进教师的专业发展。

（2）学生学习微课。学生学习微课主要的用户是学生，一般是将各学科知识点的讲解录制下来，每个知识点大概在十分钟以内。这样学生可以根据自己的学习情况，选择自己需要的微课视频来学习。这类微课是翻转课堂教学的重要组成部分，是微课建设的主流方向。

2. 按照教学方向划分

以教学目的方向进行划分，微课主要有以下类型：

（1）讲述型微课。讲述型微课是一种通过口头传输的方式来教学的微课类型，教师在课堂上主要对重点和难点知识进行讲述。

（2）实验型微课。实验型微课对自然学科比较适用，例如生物、化学、物理等学科，学生可以通过实验步骤来学习其中的知识。

（3）解题型微课。解题型微课是通过对一些典型的例题进行解析，从而对其中的知识点进行教学的类型。

（4）答疑型微课。答疑型微课是通过对学科中存在的一些疑点进行分析，然后获得答案来进行授课的类型。

3. 按照录制方式划分

按照录制方式进行划分，微课主要有以下类型：

（1）摄制型微课。摄制型微课是通过电子设备如录像机、摄像机等来录制课件的方式，可以将课堂上教师讲解的知识录制下来，形成教学视频。

（2）录屏型微课。录屏型微课是通过使用录屏软件来录制微课视频的一种方式，然后使用 PPT、Word、画图工具软件等将教学内容整理出来，在电脑上讲解。在讲解的同时使用计算机上的录屏设备进行录制，可以将声音、文字、图画等内容收录进来，经过进一步制作之后就形成了微课视频。

（3）软件合成式微课。软件合成式微课是指事先制作好教学视频和图画，然后根据微课的设计脚本，导入不同的内容，通过重组形成一个完整且系统的微课视频。

（4）混合式微课。混合式微课包含以上几种类型的微课，将之混合使用就成了混合式微课。

上述提及的微课视频类型都是初级的资料，要成为可以教学的视频还需要通过后期制作才能实现。

二、高校体育中微课教学的价值与潜力

（一）高校体育中微课教学的价值

1. 推动教育教学模式改革

“在高校的体育课堂中，运用体育微课进行教学，结合课堂教学与科学技术的使用，展现出当代课堂教学的技术性和科学性，促进了当代体育教学的进步。这是符合当代体育课程教学目标的教学方法，能够为体育课程质量的提升带来积极影响。”[①] 随着网络时代的到来和手持数码产品的普及，微课程必将成为一种新型的、高效的教学模式和学习方式，这一点

① 房辉. 刍议体育微课在高校体育教学中的运用［J］. 当代体育科技，2022，12（1）：61.

在高校体育教学领域也不例外。对高校教育来说，微课是一项十分宝贵的教学资源，同时它也为高校的教育教学改革奠定了重要的基础。微课的价值和意义是深远的，它不仅会对学生产生很大的影响，还会对教师产生很大的影响，同时微课还有利于教师的专业发展。在我国一直实施的教学改革中，微课也是重要的组成部分。

目前，随着信息技术的快速发展，已经有很多高校开始尝试在线教育，尤其在特殊的情况下，在线教育成了高校教育重要的补充方式。在人们的日常生活中有很多场合运用了在线教育，如寒假或者暑假期间，学生利用在线教育完成教师安排和布置的教学任务。在具体的在线教育实践中，微课就成为重要的学习资源。微课的优点很多，如它的内容重点突出，时间一般比较短，能够快速吸引学生的注意力等。微课的这些优点就使微课成为在线教育重要的学习资源。对于教师而言，教师如果直接从网络中下载教学视频资源，往往还需要花费大量的时间和精力来处理这些教学视频资源，而如果利用微课开展教学则可以省去大量处理的时间。因为往往微课的知识点更清晰，易于教师使用。

2. 促进体育教师专业发展

通常情况下，教师在教学实践中主要是向其他的教师同行学习和取经，从他们身上学习宝贵的教学经验。然而在一个高校里面，教师的数量毕竟是有限的，教师在实践中可以学习和参考的教师是有限的。在体育教学中开展微课教学则可以使教师扩大自己的交际圈，体育教师可以认识很多其他优秀体育教师并学习他们的教学经验，反思自己的教学过程、方法等，从而改进自身的教学。微课资源的制作者就是辛勤的教师，这些微课包含了教师的教学思路和智慧，因而在教师实践社区中，不同的教师在交流和探讨微课资源时也是在学习和借鉴其他教师的智慧。这种交流和沟通有利于体育教师的专业发展。

3. 转变校外教育开展模式

随着越来越多的人熟悉和应用微课，不少的在线教育企业尝试着把微课应用到在线教育实践中，从而体现出微课的商业价值。在在线教育中，微课的应用非常广泛，并取得了显著的教学效果，如中小学生的课外辅导以及社会人员专业技能学习等方面。

随着信息技术的快速发展，我国涌现出了很多开展在线教育的企业，其中有一些企业最初是开展线下课外教育的，后来才进一步开展线上教育。还有一些企业直接就是开展面对中小学生的在线教育。虽然这些在线教育企业的发展步伐并不一致，但是它们都在教学实践中融入了微课，这种线上教育模式具有很大的优势，能够为学生营造良好的学习氛围，并节约学生的时间，提升学生的学习效率。

（二）高校体育中微课教学的潜力

1. 微课有助于明确体育教学的内容

微课程教学通常针对的是课堂教学中的重难点内容，学生在经过微课程学习之后，能够对重点知识进行系统把握，也能够对学习中的难点有一定的了解，从而积极寻求教师的帮助。

体育教学利用微课程开展教学，能够在很大程度上提升课堂教学的针对性。这样一来，由于前期学生已经自主学习了相关的内容，教师在开展课堂教学时会更加顺利。与此同时，教师还可以根据学生的学习情况进行一定的补充与延伸，不断增强学生的体育学习效果，从而促进体育教学水平的提升。

体育教师在对微课程的内容进行设计时，不仅需要根据高校的教学要求，还要充分考虑学生的实际学习需求，不断优化教学计划与知识结构，以促进体育教学目标的顺利完成。

除此以外，由于微课程教学充分利用了多媒体的优势，将文字、图片、音频、视频等资源有机地整合在一起，使体育教学内容更加直观、形象、生动，从而营造了良好的学习氛围，有助于增强学生对知识的理解与记忆。

2. 微课教学时间短有助于反复学习

在微课程教学中，一个具有决定性影响的部分就是教学视频。对于高校体育微课程教学来说，这一点也不例外。在应用微课程的时候，体育教师需要考虑众多因素，如学生的学习情况、不同院系学生的差异等，在此基础上制作针对性比较强的教学视频。

当前多媒体技术飞速发展，在计算机的辅助之下，教师基本能够比较轻松地完成视频的录制。在教学视频中，教师对学生在体育练习中遇到的问题进行重点讲解，并且通过亲身示范来向学生展示关键动作，学生在学习微课程的时候，可以反复观看教学视频，以达到掌握各种动作的目的。

此外，由于微课程的教学视频比较短，往往在 10 分钟之内，所以学生可以在课下利用碎片化的时间随时随地观看学习，这为学生的学习带来了非常大的便利，也有助于体育教学水平的提升。就当前而言，高校的体育教学明显存在课时少、课程设置不合理的问题，这就导致学生的体育学习时间非常有限，也无法很好地掌握教师在课堂上所传授的内容。而教学视频则有效地弥补了这方面的不足，使课堂体育教学得到了很好的补充。

3. 微课有助于提高学生的学习兴趣

大学生正处于人生中的青年阶段，追求个性、敢于突破，对事物充满好奇心与新鲜感。微课程是一种新兴的教学形式，对于学生来说，具有非常强的吸引力。

将微课程应用于高校体育教学，能够为学生提供一个崭新的学习平台，增加学生之间的互动交流，使学生的学习更加高效与便捷，从而最大限度地激发学生的学习主动性与积极性。

在体育微课程教学中，教学视频是最主要的教学载体，教师围绕教学内容，选择合适的素材，制作教学课件，设计教学环节，并辅之以必要的教学反思、教学点评、测试考核等，从而构成涵盖诸多内容的体育教学微课程。这样的体育教学具有内容充实、结构紧凑等诸多优势，能够极大地激发学生的学习积极性，从而促进体育教学质量的不断提升。

除此以外，教师在运用微课程的时候，还可以充分利用网络平台设置各种各样的互动活动，增加师生之间以及学生之间的交流，营造良好的教学氛围，构建和谐的师生关系，使学生在轻松、和谐的环境中开展各种学习活动。

与此同时，教师也可以在与学生的交流互动中了解学生的具体学习情况，并在此基础上对自己的教学计划与教学内容进行适当的调整，以促进体育教学质量的提升。由此可见，微课程应用于高校体育教学，不仅是必要的，而且是非常重要的。

三、高校体育中微课教学模式的设计要点

（一）高校体育微课教学模式的设计类型

高校体育教学具有其自身的特点，根据这一特点可以将高校体育微课划分为体育理论微课和体育实践微课两种类型。

1. 体育理论微课设计

体育课程的教学是紧紧围绕教学内容来展开的，教学活动既包括教师的教，也包括学生的学，是教与学有机统一的双向活动。在体育理论教学中，有三个参与对象，即教师、学生与媒介。教师采用适当的教学方法，辅之以必要的教学媒介，使学生掌握体育理论知识，培养学生良好的体育学习能力与高尚的情操。体育理论的教学既要重视教师的教，也要重视学生的学。教师所开展的教学活动要有一定的目的性与计划性，并重视学生在学习活动中的反馈。此外，随着社会对人才的要求越来越高，体育理论微课教学也要跟随时代的步伐，不断创新教学内容与教学形式，以满足学生日益增长的学习需求。

2. 体育实践微课设计

由于体育教学有其自身的特点，这就决定了这门课程的教学要将体育实践课的教学作为主体部分，而且教学活动也大多是在室外开展的。在体育实践课程的教学中，教师做出各种动作，学生进行观察，并模仿学习。在这一教学过程中，只有教师具备比较高的教学水平与示范水平，才能将各种动作教授给学生，并使学生掌握动作的要领。但是，每一位体育教师都有自己所擅长的一面，也必然有不擅长的一面，很多教师在课堂上通常是将自己擅长的动作教给学生，而学生对于其他的内容则知之甚少，这就导致体育教学存在着一定的局限性，长此以往，也会对学生的全面发展产生不良影响。将微课应用于体育实践的微课教学中，可以有效地解决这一问题。教师在微课中将各种体育知识与动作全方位地呈现给学生，使学生更加直观地了解到自己所需要学习的内容，这种方式不仅可以激发学生的学习兴趣，而且能够不断推动体育实践课教学质量的提升。

将微课应用于体育实践课的教学中应当注意以下方面的内容：

（1）在选择教学内容的时候，要遵循从浅到深、从易到难的原则，

如果遇到一些知识点或内容需要进行拆分或整合，应谨慎处理。

（2）在设计微课的时候，教师要考虑两点：①微课是不是可以对学生的学习起到支持作用；②微课是不是可以帮学生完善知识体系。所以，体育微课的设计必须立足现实的教学情况，根据教学目标的要求以及高校自身的办学特点，有针对性地选择体育项目，使学生既能学会，又能运用到实践之中。

（3）应用微课的时候，应当充分体现学生的主体地位，注重激发学生的学习积极性与主动性。为了体现学生的主体作用，教师需要充分考虑学生的实际情况，如学习水平、性格特点等，在此基础上设计微课。

（4）兴趣是最好的教师，体育微课的设计应当选择能够激发学生兴趣的内容。只有学生产生了兴趣，才能够投入到体育学习之中，真正将终身体育的思想融入自己的内心深处，做到活到老、学到老、练到老。

（二）高校体育微课教学模式的设计内容

在设计微课的时候，高校体育教师需要对学生进行细致的分析，在仔细斟酌的基础上选择微课的内容。充分考虑学生的实际学习需求，对课堂的主题进行细化处理，根据需求合理地选择各种教学媒体和软件。设计好微课之后，可以在网络或者课堂上试用，根据试用的效果对微课进行优化调整，从而使其更加符合实际的教学需求。微课教学模式的设计内容主要包括以下方面：

第一，明确学习目标。每一门课程都有其具体的教学目标，体育教学也不例外。体育微课的设计要根据教学目标的要求对重难点进行合理的设计。在此基础上，紧紧围绕教学目标再对具体的教学过程进行设计。

第二，做好学生分析。如学生学习方面有何特点、学习方法怎样、习惯怎样、兴趣如何、成绩如何等，充分考虑学生的各种情况，尽量使微课的设计具体到每一个细小的环节，以满足学生的多元化需求。

第三，梳理知识点。在高校体育微课学习中，知识点是相对完整的学习内容，也是课程目标之下最小的知识单元。某一个概念或者动作要点都属于一个相对独立、完整的知识点。对知识之间的关系进行细致的梳理，可以在教学内容之后设计一些具体的练习，以便于及时把握学生的学习情况，从而获知学生在微课学习中的重难点。

第四，选择学习策略。在进行体育微课设计时，要重视学生的主体地位，根据具体的学习内容及学生的实际需求选择适当的教学方法。这对于学生更好地掌握学习内容是至关重要的。

第五，课程资源开发。微课作为一种新兴的教学形式，具有非常强的开放性与互动性，其资源也不局限于传统的教材与课本，而是多元化的。因此对微课资源进行开发时，要充分利用互联网的优势，注重资源的多元化。

第六，学习活动设计。微课的时间虽然比较有限，但是其内容是完整的。因此微课也包括多个教学环节，每一教学活动的设计都要以学生的实际学习情况为前提，辅之以教师的指导，在各种学习活动中不断推动学生学习能力的提升。

第七，开展评价设计。微课教学评价的设计主要是为了了解微课最终所实现的学习目标是否同预期的一致。在进行评价设计时，要注意评价的多样性与全面性。

第八，学习活动实施与评价反馈。微课在具体实施过程中的开展情况以及最终所实现的效果，都能够为微课的进一步调整与完善提供有效的依据。

（三）高校体育微课教学模式的设计要求

在高校体育教学中应用微课教学模式，应当首先对其目标进行明确的定位，并综合考虑多方面的因素，才能使微课发挥价值。在对高校体育微课进行设计的时候，应该遵循定向性原则，将体育学科的内涵作为中心，紧紧围绕体育课程的培养目标开展各项工作，重视教学内容的设置，尊重学生的主体地位，使体育微课真正适合学生的需求，发挥原有的价值。

第一，高校体育的微课设计要将微课课堂教学与体育常规紧密结合在一起。通常来说，体育课中都会有体育常规，微课也应当重视与体育常规的结合。微课是一种针对性较强的课程形式，其中的教学内容涉及了重点、难点或者是个别知识点的讲解，与体育教学结合在一起，能够使两者相辅相成，互为补充。每一所高校都有其自身的办学特色，微课的设计应当充分与高校的体育办学特色结合在一起，打造具有自己特色的体育微课。微课的设计应当尊重学生的主体地位，重视学生主观能动性的发挥，并且充分结合学生的兴趣，向学生展现更丰富的学习内容，从而不断增强体育教学的效果。

第二，高校体育微课的设计必须将体育学科的定位作为指引。在对微课进行设计的时候，要对各种因素进行充分的考虑，如高校对于体育课的定位标准、对于学生的培养目标等。否则，会导致微课失去其本身的价值。

第三，高校体育微课设计要重视体育知识的筛选，将知识点的数量控制在合理的范围之内。微课作为一种新兴的教学形式，顺应了时代的潮流与高校教学的需要。因此，体育微课的设计也应当将满足实际的教学需求作为根本的出发点。体育微课重在对体育教学中的重点、难点进行讲解，具有很强的针对性。但是，这并不是说，在微课中可以随意设置教学内容，而是要求在教学内容保持完整的前提下进行微课设计活动。

第四，高校体育微课的设计不应对一些现成的教学案例进行照搬，而是要重视微课内容的创新性，并且在微课中充分体现出体育教学重视学生身体锻炼的教学理念。使学生将体育知识的学习与体育锻炼充分结合在一起，最大限度地发挥体育微课教学的价值。

在对高校体育微课教学进行设计的时候，应当充分考虑三个方面的因素：

①课程资源。即依据课程的教学目标向学生呈现具体的学习内容，这也是教材中强调的重点与难点。

②学习活动。即微课实施的教学过程以及学生所开展的各种学习活动，这方面主要是通过教学的各个环节来体现出来的。

③反馈评价。微课的反馈评价来自微课设计者、教师以及学生，缺少其中任何一方面，反馈评价的结果都不能作为最终的结果。

微课是一种新兴的教学资源，它的发展是建立在实际的教学需求之上的，尤其是它能够紧紧围绕体育教学的知识点展开教学，因此微课在体育课程中的应用体现出非常强的针对性。需要注意的是，体育微课的设计必须在保持这一学科教学内容完整性的前提下进行，对于知识点的选择不仅应当重视数量，还应当注重质量，充分体现体育课程的系统性与完整性。

（四）高校体育微课教学模式的设计原则

1. 适时分解原则

微课一个非常显著的特点就是使用方便，不受时间、地点的限制。所以，微课的容量体积较小，一节微课中所涵盖的内容量比较少，学完一节课所花费的时间也比较短。然而，这并不是说微课是可以随意设计的，相反，微课同一般的课程一样，具有非常强的整体性与完整性，它强调对教学内容进行适时的分解。因此，在进行微课设计的时候，必须遵循适时分解的原则，对具体的学习内容、学习方式以及学习环境等内容进行充分的考虑。

2. 聚焦性原则

在进行微课设计的时候，应当重视知识点的选择，将目光聚焦在重难点或者是考点上，使微课所涵盖的知识点更具有针对性。就高校体育微课的设计来说，遵循聚焦性原则是非常重要的，教师应当注重在微课中融入运动技能的重难点分解及容易出现的失误等这些真正为学生所需的知识点。如果学生对某些运动项目的需求比较大，教师则可以充分考虑项目本身的特点，抓住其中的重难点，制作真正适合学生的体育微课。

3. 简明性原则

微课之所以在时间上比较短，主要是考虑了学生在注意力集中方面的特点。通常而言，人的注意力在 5 ～ 10 分钟的时间内是最佳的，所以微课抓住了这一特点，力图在学生注意力最集中的时间里完成对知识的学习。因此，微课在知识点的选择上应当简明扼要，将重难点知识以及核心的技能技术重点突出，从而有效地吸引学生的注意力。

除此以外，语言的运用也要遵循简明性的原则，力图用最简洁的语言将知识点呈现出来，增强学生的理解与记忆效果。就当前而言，高校学生普遍具备了运用互联网搜集资料的能力，加上之前已经具备了一定的运动基础，所以大多数学生都能够很快地掌握一些比较基础的体育知识。所以，教师设计微课时应当充分考虑这一现状，力图使微课重点突出，简单明了，使学生能够更好地利用微课开展体育学习。

四、高校体育中微课教学模式的应用要点

（一）科学解读文本，整合教学内容

高校体育教学涉及的内容非常多，包括体育理论、心理健康、球类运动、田径运动等。因此教学的任务比较繁重，课程的时间安排也非常紧凑。

虽然体育教学内容多，但是并非所有的内容都适合采用微课的形式。所以，教师必须对教材进行深入的研究，对其中的内容进行优化与整合，使各项内容有机地联系在一起。

例如足球基本技术的教学，教师可将此内容整合为四个具体的项目，即基本特点、基本技术、基本战术和基本规则。这四个项目又各自可以划分为三个更具体的层次，即基础内容、提高内容以及拓展内容。基础内容包括：运球（脚内侧、正脚背、外脚背），运球过人，踢球（脚内侧、正脚背），脚内侧接球，掷界外球，守门员接球。提高内容包括：无球技术，大腿接球和胸部接球，头顶球，抢球技术的综合运用，守门员发球。拓展内容包括组织以阳光健身、快乐足球为主题的班级五人制足球对抗赛。

由此可见，经过整合的内容非常清晰明朗，为微课的制作奠定了良好的基础。此外，学生也可以从整合的内容中选择真正适合自己的内容进行学习，从而有效地满足了学生的多元化学习需求。

（二）精心开展设计，确保微课质量

第一，突出课程特色。由于微课是一种比较新颖的教学形式，因此很多体育教师对其了解的并不全面，认为利用微课开展体育教学，只要照搬一些其他课程的微课模式就可以了。而这样的体育微课很难体现出体育这门课程的特色，也会对体育教学的质量造成不良的影响。所以，体育教师在制作体育微课的时候，需要以“健康第一”的理念作为根本的指导思想，在微课中凸显体育这门学科的特色，使知识、技能的传授同学生的身体锻炼和人格培养紧密结合在一起，不断提升学生的学习、生活质量。

第二，简短有趣。体育微课的设计也应当将时间控制在合理的范围内，为学生设置简短有趣的学习内容，营造轻松的学习氛围，使学生能够全身心地投入到体育学习中，培养良好的学习习惯。

第三，创新性。学生是一个思想比较活跃的群体，好奇心强，喜欢接触新事物，因此微课的制作应当迎合学生的这些特点，突出创新性。具体来说，应当注意两个方面：一方面微课的内容要具有时代性，贴近学生的生活实际，并且根据具体的情况随时进行更新；另一方面微课的画面以及内容的呈现形式要追求新颖，吸引学生的注意力，如将动作分解融入到有趣的小故事中，既传授了知识，又强化了学生的理解与记忆。

第四，系统性。体育课程设计的内容非常多，因此体育微课的制作很容易陷入碎片化的困境，这样就很难对学生的知识学习起到良好的辅助作用。所以，教师在制作体育微课的时候，要对教材的主线给予特别的关注，强调知识点组合的系统性。

第五，实用性。体育教学除了理论知识的教学之外，还包括技能的教学，而且技能教学占据主要的地位。因此，体育微课的设计应当尽量做到通俗易懂、实用易学，与此同时，还要紧紧围绕体育技能的核心要素，将学习的重点加以突出，并且便于学生的自我检测。

第二节　高校体育的慕课教学模式

慕课是计算机网络技术迅速发展的产物，它具有大规模性、在线性、开放性、高效性等特点。正是因为如此，慕课在教育教学领域得到广泛应用。近年来，体育慕课教学是高校体育教学信息化改革的重点，也是体育教学信息化改革的重要方向。体育慕课教学模式克服了传统教学模式单一的弊端，确立了学生的主体性地位。慕课作为在线教育的延伸和拓展，蕴含了多种教育理念。

一、慕课教学模式的全方位解读

（一）慕课教学的基本内涵

1. 慕课教学内涵的范围界定

慕课教学（MOOC）即大规模开放在线课程，是“互联网＋教育”的产物，根据这四个单词的组合意义，可以作出以下界定：

（1）大规模（Massive）。在慕课中主要强调的是在这一平台上注册学习的人数很多，同时也强调了注册人数不受限制。

（2）开放（Open）。在慕课中主要强调的是这一平台没有针对性，它面对的是全世界任何一个想要学习的人，同时提出了慕课这一平台对学生没有任何要求，只要想学习就可以在平台上注册学习。

（3）在线（Online）。主要强调的是利用计算机网络进行学习的一种方式，强调这一平台的网络性和在线性，学生可以根据自己的时间灵活安排自己的学习。

（4）课程（Course）。在慕课中主要强调的是一种课程学习资源，慕课整合多种社交网络工具和多种形式的数字化资源，形成多元化的学习工具和丰富的课程资源。

2. 慕课区别于传统网络教学

慕课教学虽然也是一种网络在线课程，但是它与传统的网络课堂之间还是存在一些比较明显的差异，主要体现在以下方面：

（1）慕课的教学目标与课程计划非常明确。通常慕课开始之前，教师会对课程的基本情况进行简单的介绍，包括具体的课程要求、教学进度安排以及学生需要达到的程度等。此外，学生也需要在上课之前用邮箱注册一个自己的专属账号，并且仔细阅读课程的相关介绍，这样才能够保障教学活动的正常开展。

（2）慕课中的教学视频不是针对课堂教学与会议进行的录制，而是专门针对慕课教学而制作的视频。

（3）慕课的教学视频有一个非常突出的特点，就是它是由多个长度在 10 分钟左右的小视频构成，每一个小视频都非常简短精炼，而且还重点讲解了一项学习内容。

（4）慕课的教学视频中设置了回顾性测试的环节，学生只有成功完成测试才能观看下面的视频，否则就要重新观看前面的内容。

（5）慕课针对学生的学习需求，设置了作业提交区。学生在开展慕课学习的时候，除了要完成教学视频的学习之外，还要完成教师预先布置好的作业，并且及时提交完成的作业。

（6）慕课为提高学习效果，设置了学习交流区。慕课教学中，学生需要参与到学习交流与讨论中，也可以提出自己的问题，通过与教师交流来解决问题。慕课还会组织一定的线下见面会，学习同一课程的学生除了可以在线上开展学习交流之外，还可以在线下进行讨论、交流和学习。

（二）慕课教学的主要类型

1. 基于关联主义的慕课

CMOOC 教学模式是以建构主义理论为基础的，是基于关联主义学习理论的 CMOOC 模式。建构主义理论强调学生主动构建知识，而不是被动地接受知识。不同的人对同一知识的理解也是不同的，就如不同的人对客观世界的理解也存在着一定的差异。基于此，学生在学习过程中，不能仅停留在知识的被动接受阶段，而要将自己学习的知识进行自主构建。只有学生自主学习知识、自主建构知识，并具有很高的学习自觉性，才能高效地进行课程学习，并不断提高自己的学习水平。同时，建构主义理论也强调了教师角色的转变，即由传统的权威者、灌输者、主导者变成现在的组织者、设计者、引导者。

CMOOC 是信息化时代不断发展的结果，这一教学模式注重信息化、数字化、网络化人才的培养。要想实现这一模式的目标，就必须重视创新。同时，还要培养学生对信息的生产、捕捉、加工、整理等能力。但是，对于学生而言，慕课是一种新的学习方式，且具有很大的自由性和开放性，学生能否及时转变自己的角色，高效地进行自主学习、能否对信息进行生产和处理，都需要学生长期的摸索。

除此之外，CMOOC 教学模式还以关联主义学习理论为基础。根据关联主义学习理论，以某一个共同的学习内容为出发点，将世界各个地区的学生联系起来，不仅实现了资源的全球共享，还促进了学生之间的交流与协作，有利于学生根据自己的学习情况构建符合自己情况的学习网络，从而促进自身全面发展。

2. 基于行为主义的慕课

以行为主义与认知主义学习理论为基础的慕课简称 XMOOC。XMOOC 主要有以下特点：

（1）需要提前了解课程以及课程安排。在 XMOOC 课程模式开始之前，学生就应该提前了解课程的相关知识，并知晓课程的具体安排，从而进行注册学习。

（2）教师应定期发布课件以及视频。XMOOC 课程模式实施之后，教师应该结合教学目标、学习任务等定期发布一些教学课件，以及教学的短视频，便于学生学习。

（3）课后作业应有截止日期。XMOOC 课程之后，教师应该布置相应的作业，并规定作业上交的日期，这样有利于督促学生在规定的时间内完成作业任务。

（4）应适当安排考试。在实施 XMOOC 课程模式中，教师应该适当安排一些考试，并鼓励学生积极参与考试。

（5）开设讨论组以便交流。XMOOC 课程模式，注重讨论组的开设。在讨论组中，学生可以根据自己的疑问进行线上讨论和交流。如果条件允许，XMOOC 课程模式还可以将线下交流融入其中，从而将线上交流与线下面对面交流相结合。

（三）慕课教学的独有特征

慕课是信息技术迅速发展的产物，它在形成与发展过程中形成了独有的特征。

1. 规模性

慕课是大规模的在线课程。因此，大规模性也是慕课的主要特征。众所周知，传统教学是有人数限制的，而慕课教学并没有人数限制，同一课堂上学习的人数可以达到数百万。

慕课作为不限制课堂学习人数的信息化平台，在教育教学领域逐渐受到重视。慕课是信息化时代的产物，为世界各地的学生提供了信息化学习平台。在这一平台上，有来自世界各地数百万的学生进行学习，从而体现了慕课的大规模性，这也是其他信息化平台无法比拟的。

2. 开放性

慕课作为大规模开放式在线课程，具有开放性的特征。关于慕课的开放性，可以从以下方面对其进行分析：

（1）教育教学理念的开放性。慕课平台注重平等性和民主性。同时，慕课平台上的课程资源是面向世界各地、各族人民的，没有任何人群的限制。除此之外，慕课平台提倡只要想学习的人都可以在平台上进行注册学习。

（2）教学内容的开放性。慕课平台上蕴含着大量的网络在线资源，且这些资源的内容是开放的，没有时间和空间的限制。

（3）教育教学过程的开放性。讲授者与学生的上课、交流、测试、评价等都是在慕课平台上进行的，教育教学过程完全是开放的。

可见，慕课有着优质的教育资源，在慕课平台上，真正实现了资源的全球共享。慕课的开放性有利于促进教育国际化的发展，有利于实现全球资源共享，也有利于世界各地学生树立终身学习的观念，更有利于促进教育公平化的进程。

3. 技术性

技术性也是慕课的主要特征。慕课是信息技术高速发展的产物，与其他的网络公开课程不同，慕课并不是教材内容到网络内容的简单搬移，而是充分利用信息技术的优势，实现讲授者和学生之间的在线交流与互动。实际上，慕课是将整个教学过程从线下搬到了线上，真正实现了在线课程教学。同时，慕课作为信息化平台，它主要采用短视频的形式进行在线教学。通常情况下，在每一堂课中，慕课所涉及的教学短视频的时长是 15 分钟左右。在这些短视频中，不仅包括了学习的课程内容，还包括一些客观题。学生要对这些客观题进行回答，而慕课平台系统将对学生的回答进行评价，只有回答正确这些客观题，学生才能在慕课平台上继续学习。

慕课不仅充分利用了信息技术，还将云计算平台融入其中，这样不仅丰富了课程资源，还促进了海量课程资源的全球共享。另外，慕课还融入了大数据技术，在一定程度上促进了个性化教学的发展。

4. 自主性

自主性是一个内涵十分丰富的概念，不同的学者对其理解也不同。下面选取比较有代表性的观点进行具体分析。具体而言，自主性主要包括以下几个方面：

（1）自主性强调的是学生在慕课学习过程中自己设计目标，不强调事先目标的设定。

（2）慕课平台学习的时间、学习的地点都是不确定的，同时学生的学习方式、学习效率、学习快慢等都是不受限制的，也就是说学生可以自己决定学习的时间和地点，也可以自己决定学习的方式。

（3）除了需要获取学分的学生以外，其他学生的课程考核方式都不是正式的。学生对自己在慕课平台上学习的预期效果可以自行评判，并没有固定的、专门的或正式的考核方式。

（4）学生根据自己的学习需求，有针对性地与他人进行讨论和交流，从而通过学习慕课资源来满足自己的学习需求。

由此可见，慕课教学是学生自己学习的过程，并在学习过程中自行监督和调控。还需要指出的是，慕课与翻转课堂相融合，有利于慕课作用的发挥，也有利于提高学生的自主性和主动性，从而不断提高学生的学习水平。

5. 优质性

与其他信息化平台相比，慕课具有优质性的特征。慕课涉及很多的课程，无论是世界慕课平台课程还是当前比较流行的“好大学在线”课程，都拥有着高质量的信息资源和学习资源。这些慕课平台上的课程资源都是世界各高校通过专门的技术团队进行合作开发、筛选、编辑、加工、整理、审核之后上传的。这些慕课资源不仅有代表性，还具有高质量性，这些都为慕课课程资源的优质性奠定了基础。

6. 以学为本

以学为本并不是慕课的表面特征，而是通过对慕课的系统分析，挖掘、归纳、总结出来的一种核心特征。以学为本强调的是以学生的学习为中心，也就是慕课上的信息和资源都要以学生为中心，为学生的学习提供丰富的资源。慕课将信息技术、云计算技术、大数据技术等计算机网络技术融于一体，为世界各地想要学习的人提供了丰富的资源，打破了传统教学模式的时空限制，有利于世界各地的学生根据自己的实际学习情况和需要，随时随地进行学习，从而获得自己想要学习的知识。

7. 非结构性

慕课在内容安排上也独具特色。具体而言，慕课中涉及的内容都是一些碎片化的知识。这些碎片化的知识经过专业领域教育者的组合形成了形式多样的内容。这些内容也是比较灵活的，可以根据需要随时进行扩充。各个领域的教育者对不同学科知识进行处理和集合，从而形成了内容集合。这个内容集合是慕课特有的，里面的知识可以进行再次重组，并利用慕课平台使这些知识彼此关联在一起。另外，还需要指出的是，慕课课程标准的设立，有利于提高课程质量，也有利于提高学生的学习水平。

总之，慕课是一种信息化的教学模式，它不受课堂人数、时间和空间的限制，学生在慕课平台上学习具有很大的自由性，有利于调动学生学习的积极性。

二、高校体育中慕课教学模式的优势

（一）提高体育教育平等性和公平性

现阶段，慕课作为高校授课的主要形式，在教学过程中起到补充和辅助的作用。在体育慕课教学模式中，世界范围内的学生都可以根据自己的学习情况自主选择学习时间和地点。慕课在高校体育教学中的应用，突破了地域经济差异，丰富了教学资源，扩大了学生的数量，从而使不同地域、不同职业、不同年龄、不同学历的学生都可以自主学习。可以说，慕课这种开放性的学习模式，为想要学习的学生提供了学习的平台，避免了想学而无法学习的现象出现，有利于扩大学生的数量，也有利于提高体育教育的覆盖率。

另外，学生也可以根据自己的兴趣、特长等进行体育精品课程的学习。在学习体育课程过程中，学生如果遇到了问题，可以借助慕课平台与教师、同伴进行交流和互动，从而主动地构建知识，改变了被动接受知识的局面。总之，在慕课体育教学模式的影响下，教师不再是主导者，学生成为学习的主体。同时教师和学生形成了一种平等、和谐的师生关系。另外，慕课体育教学模式为学生提供了公平的学习机会和受教育机会，有利于促进体育教育的公平性。

（二）推动形成终身体育学习的理念

慕课在体育教学中发挥着至关重要的作用，也是现代体育教学发展的重要方向。随着慕课的发展以及体育教学改革的不断推进，慕课对体育教学的影响也越来越大。慕课也将会被不断应用于体育技能教学、体育技能训练、体育培训、体育实践等多个方面。同时，慕课融多种学科于一体，学生可以根据自己的学习情况和学习需要，自主学习、自主监督、自主调控，并不断与教师和其他相同兴趣、特长的学生进行交流和互动，从而不断学习、不断提高，进而促进终身体育学习的发展。

（三）提升体育学习过程个性化水平

体育慕课教学模式蕴含着丰富的开放式教育资源，有利于学生随时随地进行学习，有利于优化学生获取知识的途径。慕课课程资源具有优质性的特点，这些优质的课程资源有利于吸引更多的学生来平台注册学习。

同时，体育慕课教学模式注重学生创新能力的培养，重视学生的个性化发展。众所周知，不同的体育教师具有不同的学历层次、知识结构、教学经验，因此，即使面对同一个教学内容，不同的体育教师对其也有着不同的理解和表达。这样有利于避免教学内容和教学过程的千篇一律，有利于促进学生的个性化发展，也有利于学生根据自己的实际学习情况科学地选择体育课程内容。

另外，除了学校教材要求学生学习和掌握的内容外，学生还可以充分利用慕课平台，根据自己的特长和兴趣，结合自己的自由时间，自主选择一些适合自己个性化发展的学习内容，这样有利于学生在拓展学习中体验运动的乐趣，有利于全面促进学生的个性化发展。

（四）促使体育课程的教学更加鲜活

无论是高校体育教学理论知识，还是其他形式的教学理论知识，都是枯燥、艰涩难懂的，难以激发学生的学习兴趣。而体育慕课教学模式充分利用信息技术、云计算技术、大数据技术等先进的网络技术，将枯燥、艰涩的体育理论知识以信息化的形式呈现出来。这种信息化的形式避免了理论知识的艰涩难懂，从而使体育教学更加鲜活。体育慕课教学视频可以在一个10分钟左右的课程中集中讲解某一体育技术问题或者体育理论知识，还可以在教学中设置一些师生互动活动，这种互动性的活动有利于激发学生学习体育的兴趣。学生通过慕课学习可以将碰到的问题或困难在互动交流平台上向教师提出，教师则可以及时给予相应的解答。此外，学生还可以随时了解和调整学习进度，这种新型学习方式使得原本相对枯燥乏味的体育理论知识变得更加生动有趣，从而极大地提升学生的学习欲望和主动性。

（五）培养学生自主体育的学习意识

体育慕课教育模式注重先学后教，这种理念为新的学习方式的开展提供了保障。在慕课平台上，学生通过短视频先学习体育的理论知识，随后教师在课堂教学中对体育动作进行讲解和示范。学生经历了这种新型教学模式带来的教学方式的变化，教师在实施自主学习、合作学习和探究学习时会更加顺利。

由此可见，体育慕课教学模式的主要特征是先学后教。这有利于学生充分发挥自身的主观能动性，有利于学生自主学习意识和自主学习能力的提高。在体育慕课教学模式的影响下，学生也养成了自主学习的习惯，这种学习方式有利于学生以后的学习和发展，有利于学生树立终身学习的观念，全面提高学生的综合能力，这是传统体育教学模式无法实现的。

（六）保证体育教学的质量与效率

随着信息技术的发展，传统体育教学模式的弊端日益凸显，在一定程度上限制了体育教学质量和效率的提高，同时也在很大程度上制约了体育教学的发展。而体育慕课教学模式可以有效解决传统教学模式中存在的各种问题。

第一，有利于学生形成清晰的动作概念。体育慕课教学模式可以将一些连贯的、复杂的动作制作成短视频，并通过图片、文字、声音、图像等方式将这些连贯的、复杂的动作呈现出来，学生可以通过短视频更加直观地学习复杂的动作。具体而言，学生可以根据自己的实际学习情况，自己控制观看短视频的进度，遇到某一难理解的动作时，学生也可以利用短视频的暂停、回放等功能来对这些动作进行回看，有利于学生形成清晰的动作概念，正确理解动作要领，并全面地学习和掌握体育运动动作。

第二，有利于学生一对一在线学习。众所周知，慕课的主要特征之一就是规模性，同一课堂上学习的人数达到数百万。但体育慕课教学模式强调在线学习，这些人都是在慕课平台上同时进行的在线学习。实际上，这种在线学习很大程度上是一对一学习，这样有利于学生的自主学习，有利于弥补大班授课的不足，便于对学生学习进行监督和管理。

第三，打破了传统教学模式受时间和空间的限制。体育慕课教学模式不受时间和空间的限制，也不受光线、天气等其他因素的制约，学生可以随时随地进行学习。

由此可见，传统体育教学模式容易受外在环境的影响和制约，这在很大程度上影响了体育教学质量和效率的提高。而体育慕课教学模式避免了这些外在环境因素的影响，可以不受时空的限制，有利于提升体育教学的质量和效率。

（七）优化并整合体育教学中的资源

传统的体育教学模式教学资源单一，已经不能适应现代体育教学的发展。将慕课融入体育教学模式，有利于教学资源的丰富和优化。基于慕课的体育教学模式不会固守体育教学风格和专业设置，而是充分利用信息技术和网络技术，集多人、多校优质教学资源于一体。

同时，慕课平台上的教学资源在内容上具有开放性，在管理上具有智能性。慕课的体育教育模式弥补了传统体育教学模式的不足，在体育教学中发挥着重要的作用。

（八）节约教育成本，缓解师资压力

慕课平台主要以信息技术和网络技术为载体，集多种开放性、优质性教学资源于一体。慕课平台上的教学资源也可以无限制地被学生使用和学习，这样不仅提高了体育课程资源的利用率，还降低了体育课程资源开发的成本。由此可见，慕课融入体育教学，能够在很大程度上节约体育教育成本。

随着高校的不断扩招，学生人数不断增加，教学任务也在不断增加，体育师资已无法满足当前高校体育教学以及学生的需求。体育教师面临着繁重的教学压力，同时体育师资力量不足的问题日益凸显。慕课应用于体育教学中，能够有效解决体育师资力量不足的问题，也能够缓解体育教师的教学压力。教师可以通过慕课平台上的相关数据了解学生的学习情况以及教学质量和教学效果。借助慕课平台来获得反馈信息，教师可以有更多的精力进行教学设计、方案规划、活动组织、课后辅导等。

三、高校体育中慕课教学模式的应用

在“互联网 +”时代，多种新型教育模式相继涌现，慕课就是其中之一。它是一种开放式的在线教育模式，能够为高校体育专业教学提供丰富的课程资源，促进学生形成终身体育意识，给体育专业的教育教学改革指出新的方向。在“互联网 +”视域下，慕课在高校体育专业教学中的应用，需要遵循“课题选择—课程内容设计—挖掘教学素材—制作慕课视频”的流程。“在具体的教学实践中，高校可借助慕课完善体育课程体系，激发

学生学习体育的兴趣，细化具体教学内容，促进学生自我建构，优化教学考评模式，从而提高整体的教学质量。”①

（一）转变体育教育观念

1. 单一办学主体向国际化联盟式办学主体转变

传统高校办学模式比较单一，绝大多数都是采取单一办学主体进行办学。而随着慕课在高校教育教学中的应用，高校办学模式也逐渐向多个高校联盟办学的模式转变。慕课平台的出现并不是单一高校独自开发的结果，而是多个高校多个优秀教育专家联合共同开发和建设的结果。可见，传统的单一办学模式并不能适应当今信息化时代的发展。如果高校不及时转变办学观念，就会被时代所淘汰，也不利于国际化人才的培养。因此，高校应该意识到慕课平台建设需要国际化视野，并在具体实践中，充分吸收世界各国的优秀办学经验，改变单一的办学模式，将办学视野扩大到国际范围，从而实现国际化联盟式办学模式。

2. 个体学习向团队学习与个性学习相结合转变

在传统体育教学中，学生的学习模式是被动的、单一化的，不利于学生团队学习，也不利于学生个性化发展。要想改变传统的个体化学习模式，高校应该将慕课应用于教学中，充分发挥慕课教学的优势，创新教学方法和策略，开发丰富的学习资源，提倡学生间、师生间、群体间、国家间的大规模集成化学习。同时，高校还应该采取多种手段和策略来鼓励和引导学生发展个性，从而真正实现团队学习和个体化学习。

（二）改革慕课教学方法

由于慕课是开放性很强的一种教学方式，因此慕课教学也有着比较多的选择性。慕课平台在网络上不受国界的限制，因此，它可以很好地将课程共享给世界各地的人，并且世界各地的人也可以将慕课视频上传到慕课

---

① 黄琦，耿立志，孟凡会．“互联网＋”视域下慕课在高校体育专业教学中的应用研究［J］．科教文汇，2021（6）：130.

平台，使得慕课平台上的课程资源越来越多。因此，教师可以从慕课平台上找到同一个知识点的很多个慕课视频，他们可以选择适合自己的慕课资源，从而分享给自己的学生。

教学方法对教学效果的影响非常大，为了保证教学的效果，体育教师可以适当调整教学方法。教学方法使用恰当，可以充分激发学生的学习兴趣，调动学生学习的积极性和主动性，从而使学生更好地将知识内化。慕课教学模式就是一种很好的教学方式，高校体育教学可以充分借鉴这种教学模式，从而提高体育教学的效果。

（三）丰富慕课课程资源

慕课的质量对教学效果有很大的影响。虽然我国对慕课的质量没有制定严格的标准，但是慕课的质量对教育质量有直接的影响。这就要求各个高校必须制作出非常优质的慕课视频，从而提升体育教学的质量。因此，政府、高校、企业等需要制定出一套慕课的质量标准，从而提升慕课质量。教师是慕课资源开发与利用中的重要参与者，其能将慕课教学的作用发挥到极致。因此，高校在进行慕课资源开发时不仅要积极引入高质量资源，更是要重视教师在资源开发中的作用，鼓励教师与时俱进，把慕课教学模式引入体育课堂，以提高教学效率。

在具体的课堂实施中，教师可以将慕课与体育教学灵活地结合起来，这样慕课就以一个全新的、学生更能接受的形式参与到体育课堂中来，同时还有利于调动学生学习的积极性。慕课内容的载体形式是视频，因此，这就要求体育教师在具备扎实的专业知识之外，还需要具备一定的信息技术能力，能够制作短视频。慕课视频要建立一套完整的制作、审核、评价机制，从而制作出一套优质的视频。

与此同时，高校实施慕课教学也是为了满足个性化教学的需求。因此，在制作慕课视频时，教师要充分考虑到学生的需求，打造出可以满足不同学生需求的多层次慕课课程。一些一流高校的学生具有较高的认知能力，他们适合使用一些难度较高的慕课视频，而对于认知能力不那么强的普通学生来说，需要使用一些难度较低的慕课视频。当然，为了建设更高水平的慕课课程，高校可以引进国外的优质慕课资源，从而结合高校的教学实际情况，形成自己特色的慕课教学资源。对于少数民族的体育教学来说，他们很难获得比较好的慕课资源，因此教育部门还应该结合当地情况，为其提供一些特殊资源，从而满足学生的慕课学习需求。

（四）推动优质资源共享

加大慕课宣传的力度主要可以通过网络平台、学校平台、教师等。除此之外，慕课平台还应该借助自我营销的方式，吸引更多的人注册慕课进行学习。在加大慕课宣传力度的同时，还应该注重慕课中优质资源的共享，从而使世界上更多的人能够根据自己的特长、兴趣，科学地选择适合自己的课程，以满足自己的学习需求。总之，加大宣传力度有利于更多的人了解慕课，使用慕课，有利于促进优质资源共享，促进教育的国际化发展，实现教育的公平性。

（五）形成慕课特色课程

在体育慕课教学中，高校要注重顶尖团队的培养，从多个层面打造体育核心课程，并充分利用慕课平台实现体育资源的全球共享，从而吸引世界上更多的学生进行体育特色课程和优质课程的学习。

除此之外，高校还要注重体育非核心课程建设。这是当今时代一专多能人才培养的要求。因此，我国高校应该充分利用慕课这一信息化平台，将世界上优质的体育课程资源融到本校慕课平台中，这样有利于拓展学生学习的范围，激发学生学习的兴趣，提高学生的自主学习能力，从而为一专多能人才的培养奠定基础。

（六）开发体育精品课程

第一，学校、教师、学生等要多方宣传与推广运用体育类国家精品开放课程。由于我国的体育类方面的精品课程较少，学习的人数也不多，因此，体育类精品视频课程播放量较低。为了使更多教师和学生获得精品课程的好处，学校、教师和学生应该尽可能地通过多种手段宣传精品课程，从而发挥精品课程的最大价值。

第二，完善体育类国家精品资源共享课中体育专业课程的建设。体育类国家精品课程仍然存在一些不足，只有少数的体育课程建设精品课程，而一些体育与其他学科结合的课程还没有建设完善。各个高校还要对慕课与传统体育结合的课程加强建设，申报一些精品课程建设项目，从而不断完善体育专业课中的精品课程资源。

第三，改善体育类国家精品开放课的视频内容，加强课程视频的后期制作。体育类国家精品课程是十分优质的课程，但也存在一些有待完善的地方，例如，将视频内容的知识点进行展示，并且加入不同动作的示范画面。在视频的后期制作上，还有一些有待完善的地方。另外，在视频上还可以将重点内容进行着重提示，使学生在遇到重点时可以集中注意力学习。

第四，开发体育类国家精品开放课程平台的多元化功能。体育类国家精品课程的平台还有一些需要调整的地方，在平台上可以增加一些答疑解惑的版面以及师生交流的模块。这样可以使学生在遇到不懂的问题时及时向教师咨询，并且学生之间也可以就视频观看的理解互相探讨。另外，精品课程平台的开发者还需要设置一个建议模块，更好地采纳使用者的建议，从而使平台不断完善。

第三节　高校体育的翻转课堂教学模式

一、翻转课堂教学模式的全方位解读

（一）翻转课堂的诞生背景

1. 信息技术的发展

科技革命推动了信息技术的发展。随着计算机技术的推广应用，世界各国的生产日趋自动化，科学技术、国防技术乃至管理手段都越来越现代化。同样地，情报信息也在朝着自动化的方向发展。信息技术的变革辐射到人类社会的方方面面，其影响力巨大且深远，而教育作为人类社会中的重要领域也受到信息技术变革的影响。

在信息化时代背景下，人们重新审视原有的教育教学制度，重新设计教学模式，从而让现代信息技术在教育领域发挥重要作用。现代教育的目标也发生了一定的改变与扩充，即要求学生具备获取信息、分析信息、处理信息、加工信息的能力，具备较好的信息素养。

信息技术在教育领域的渗透会极大地推动教育教学的变革进程，在一定程度上改变教师的教学模式与学生的学习方式。这是一种必然的趋势。因此，高校必须及时更新教育理念，对现代教育技术予以足够的重视，积极探索信息技术在教育领域的有效价值，充分利用信息技术的优势发展教育教学事业。

2. 社会需求的推动

现代社会发展节奏快，要求人们能够快速地接受、理解新鲜事物，具备较强的学习能力，拥有较强的求知欲。在飞速发展的社会中，人们如果不能持续地学习、不断地完善自己，就很难适应时代的变化。因此，人们应该顺应时代、紧跟时代，保持求知欲望，不断在新的时代背景下反思自己的生活。

未来社会中，高层次人才除了要具备专业的知识技能之外，还需具备一定的学习能力、创新能力和发展潜力，并且需具备自我个性。这就要求现代教育关注社会的需求与人才的培养，努力培养出能满足现代社会需求的优秀人才。

3. 教育现实的促进

在工业革命出现之前，人们大多以学徒制开展教育活动。学徒制主要采用现场教学，教学场景基本是真实的工作环境，教学对象往往具有个别性，大多发生在代际间，教学方式就是师傅口述、示范，学徒在师傅的指导下进行实践。当时在学徒制教学模式下，我国培养出了许多技艺高超的手艺人。

随着工业革命的兴起，工厂日渐规模化，社会对劳动力的需求增加，同时对劳动力的知识技能要求也有所提高。人们迫切需要普及推广教育，扩大教育规模，提升教学效率，从而在短时间内获得更多能够满足社会需求的劳动力。学徒制不再符合时代发展的要求，于是班级授课制就产生了。班级授课制是以班级作为教学单位开展教学活动的形式，教师会根据设置好的课程时间表，向固定的学生讲授知识内容，这些知识内容往往是统一的。班级授课制满足了工业革命的需求，其原因在于它具备一些不同于以往教育形式的特点与优势，而这些特点与优势实际上一直在教育领域发挥着重要作用。

具体来看，班级授课制的特点主要有以下三个方面。

第一，班级授课制具有系统性，它能在规定的教学时间内让学生学到大量的知识，并且这些知识不是零散的，而是具有一定的系统性，便于学生建立知识体系。

第二，班级授课制采用“一对多”的教学模式，即一个教师可以向多个学生授课。与学徒制相比，其教学效率得到了极大的提高。

第三，班级授课制以“课”为标准，设置好的“课”决定着教师的教学进程与学生的学习要求。因此教师在进行教学管理时，只需以“课”为中心，统一学生的学习步调，相对较为高效。

班级授课制符合工业革命在短期内需要大量人才的要求，其系统性、高效性是促进这一教育形式发展的重要优势。

现代信息社会对人才的要求不断提高，要求人才具备一定的信息技术技能，还要具备应急处理能力，此外最好具备一定的创新思维，勇于自主学习，具有探索精神等。与工业革命时期相比，信息革命再一次提高了对教育的要求。于是班级授课制的不足显现出来，人们又开始探索新的教育形式。

不管是工业革命还是信息革命，人们的思维观念都在这一次次的革命中受到了冲击，新的时代环境要求人们做出新的改变，终身教育与自主学习的理念成为人们推崇的新理念。终身教育要求人们终身学习，始终保持学习的热情；自主学习要求人们根据自己的需求和时代的发展，主动地、积极地开展学习，从而找到自己的价值。时代的变迁、社会的发展影响着教育组织形式的变化，因此要想促进现代教育的良好发展，就必须把握时代的脉搏，分析教育发展的现状，找准教育变革的出路。可见，教育变革正面临着关键的转折，现代教育事业必须把握时机，积极变革。

4. 学生的个体差异

不同个体之间都存在差异，不同的学生也有着不同的学习需求，具体可以从以下方面进行探讨。

（1）学生的学习风格存在差异。每个学生都有着自己的学习风格。有的学生接受能力强，学习速度快，能早早地掌握课程内容，会对教师的反复讲解感到厌倦；而有的学生接受能力较弱，学习速度较慢，难以跟上课程进度，会丧失学习信心。学习风格没有好坏，与学生的智力水平也没有关系。不同的学习风格反映着不同的知识掌握能力。有些学生可能只是没有充足的时间来完成知识的内化，如果有了充足的时间，他们对知识的理解或许会比学得快的学生更加深入，对知识的掌握更加扎实，对知识的记忆也更加牢固。

（2）学生的学习动机存在差异。学生的学习动机并不会对其学习过程产生直接的影响，它更多地表现为间接的影响，良好的学习动机能够有效增强学习效果。比如，意志力强的学生可以长期保持一种积极的学习状态，从而达到预期的学习目标；而意志力较弱的学生则只能保持短时间的良好学习状态，容易半途而废。每个学生的学习动机都不同，因此教育教学应该关注学生的学习动机，为学生制定个性化的学习目标与合理的学习计划，为学生提供具有针对性的指导，从而帮助每个学生实现自己的学习目标。

每个学生在学习风格、学习动机上都存在差异，而这些差异共同构成了他们不同的学习需求，也构成了他们的学习个性。要想满足学生的差异化需求，教育教学研究者就必须关注他们的个性，为他们的个性发展提供帮助。

（二）翻转课堂的根本性质

翻转课堂也称颠倒课堂、反转课堂。这里所说的“反转”主要是针对传统课堂教学而言的，翻转课堂是人们普遍接受的概念。随着翻转课堂定义的变化与完善，教育教学研究者对翻转课堂的研究日渐深入。

第一，翻转课堂是一种教学形态，由教师创作录制教学视频，学生自己课下观看视频，课上与教师进行交流，并完成教师布置的作业。此前，人们对翻转课堂的表述大多基于其基本做法，比如学生晚上在家观看教学视频，第二天在教室完成作业，如果有问题就与同学讨论或者向教师求助。这种对翻转课堂的定义，主要是将翻转课堂教学与传统课堂教学相对比，由此突出其特征，帮助人们认识这一教学形式。

第二，翻转课堂是学生利用课前时间，借助教师提供的教学资源，包括多媒体课件、视频材料等，自主完成课程的学习，在课中与教师进行互动，一起阐释问题、探究问题，并且完成作业练习的一种教学模式。

第三，翻转学习改变了直接教学的空间，就是由群体空间转向了个体空间，使群体学习空间变得更具动态性与交互性，从而促进学生在学习过程中充分发挥自身的创造性与主动性，积极参与学科学习。

综上所述，翻转课堂是将原来需要在课堂上完成的知识传授提前到课前，再将原来需要在课后完成的知识内化放到课中完成。至于翻转课堂的教学资源、教学信息技术以及具体的教学组织方式等，都不属于翻转课堂的原始要求，它们都是在翻转课堂实践发展的过程中延伸、演化出来的。

翻转课堂的本质是赋予学生更多的自由，将传授知识的环节放在课前，是为了让学生自由选择适当的、舒适的学习方式；而将内化知识的环节放在课中，是为了让学生更多地、更有效地与教师及其他同学进行交流。

（三）翻转课堂的鲜明特征

翻转课堂在许多方面都对传统课堂教学进行了革新。作为一种全新的教学模式，它具有一些颠覆传统课堂的鲜明特征。翻转课堂改变了传统的教学过程，对课堂的时间进行了重新规划与分配，在传授知识的方式方法上有所创新，并且促进了教师与学生身份角色的转变。

1. 师生角色发生转变

教学过程的颠倒、课堂时间的重新分配自然影响到身处课堂之中的教师与学生，翻转课堂的特征之一就是师生角色的转变。在传统课堂教学中，教师几乎占据着“主角”位置；但是在翻转课堂中，学生成了课堂的中心。学生在学习过程中遇到问题可以向教师寻求帮助，教师主要负责为学生答疑解惑，提供及时的、具有一定针对性的指导，教师从以往的讲授者变成了学习资源的提供者，变成了学生学习过程中的引导者、帮助者。这也代表课堂的中心不再是教师，而是学生。这种身份角色的转变向教师提出了更高的要求，教师除了需要具备讲授技能之外，还需要具备收集整理教学资源、录制教学视频、组织教学活动的技能。

与此同时，学生在这样的课堂上也需要充分调动自己的主动性，不再是被动地接受知识，而是积极、主动地汲取知识、内化知识。学生成为课堂的中心，就意味着学生将成为知识意义的主动建构者，他们可以按照自己的学习节奏、学习步调选择合适的学习时间与学习内容，遇到较容易吸收掌握的知识可以适当加快学习速度，而遇到较复杂的内容可以放慢学习速度，反复观看教学视频，仔细探究学习。学生不能再一味地等待教师给出答案，而是要通过自己的努力寻找答案。此外，师生角色的转换也有助于增进师生关系，对营造良好的教学氛围有一定的益处。师生之间、生生之间交互协作，学生可以在丰富的教学活动中掌握知识内容。学生角色由“被动接受者”变为“主动探究者”。

2. 教学方式的创新性

翻转课堂的又一重要特征是对教学方式的创新，其中最具代表性的就是短小精悍的课程视频，教学视频是翻转课堂教学资源的集中体现。

在翻转课堂中，学生可以通过短小但内容丰富的教学视频来接受知识，并且还可以根据自己的需求暂停、回放、慢速播放视频，这有助于学生把握自己的学习节奏与学习进度，更好地实现自主性发挥。学生在课前或者课下观看教学视频，也会更加放松，因为在一个相对舒适的环境中学习，不需要神经过度紧绷，如果有不懂的地方还可以反复观看，强化记忆。在之后的复习巩固中，教学视频也发挥着重要的作用。

3. 教学过程的颠覆性

对传统教学过程的颠覆是翻转课堂最为突出的特征。一般来说，传统教学的过程就是“教师讲授知识—学生完成作业”，这种教学过程把讲授知识的环节放在了课中，将内化知识的环节放在了课后，主要由学生自己完成。

翻转课堂的出现彻底颠覆了这种教学过程，它将讲授知识的环节置于课前，将内化知识的环节置于课中，将巩固反思的环节置于课后。具体来说，翻转课堂要求教师在课前就做好相应的教学准备，按照课程目标搜索、整理或自己制作教学视频，为学生提供充足的学习资源，这样可以让学生在课前就完成基础知识的学习、让教师在课前就完成教学讲授；课中，学生可以在课前学习的基础上提出自己的问题与困惑，教师则能够及时地予以解答指导，并且还可以组织学生进行小组讨论、合作学习，让学生在课堂上就完成知识的内化；课后，教师同样可以为学生提供有针对性的学习资源，帮助其补充知识，巩固记忆，鼓励其积极进行学习反思。

简而言之，翻转课堂将传统教学过程完全颠倒了过来，并且对教学过程中各个环节的功能作用进行了重新定位。

4. 重新分配课堂时间

对课堂时间的重新分配是翻转课堂的重要特征，具体体现在对教师讲授时间的缩减以及对学生学习活动时间的增加上。

在传统的课堂教学中，教师需要把大量的时间花费在知识的讲授上，学生就只能被动地听讲。翻转课堂则改变了这一局面，为课堂互动、师生答疑、探究讨论等教学活动留出了大量的时间，使学生能够在相对真实的情境中完成知识的学习，并且能够学会交流与合作。翻转课堂将教师的讲授环节放在了课前，因此它既保证了教学内容的充足，也有效活跃了课堂氛围，提升了课堂互动性。这种对课堂时间的重新分配有助于加深学生对知识的内化程度，深化学生对学习内容的理解。并且课堂交互性的提升对之后教师开展教学评价也有一定的帮助，教师能够通过学生的互动表现了解学生的学习状况，学生则能够在教师的评价中进行反思，更加主动地把握自己的学习。

由此可见，翻转课堂从整体上提升了课堂时间的有效利用率。

二、高校体育中翻转课堂教学模式的应用要点

（一）重视学生的自主学习能力

自主学习强调的是学生独立学习和独立思考的能力，它有利于提高学生学习的主动性，有利于学生持续探索知识，更有利于学生的持续发展和终身学习。

翻转课堂作为信息技术迅速发展的产物，对学生的自主学习能力提出了更高的要求。学生自主学习能力的培养在翻转课堂教学模式的实施中起着不可替代的作用。

对学生自主学习能力的培养应该注意以下四点。

第一，注重学习动机，抓住影响动机的因素，并对其进行干预，从而不断激活学生的学习动机。

第二，注重学生元认知发展，采用多种手段发展学生的元认知，并促进学生在这一方面的发展。

第三，重视学习策略的讲授，提高学生的认知能力，鼓励学生采用不同的认知策略。

第四，注重学生环境利用能力及其培养。良好的学习环境有利于学生学习能力的提高，因此教师应该注重对学生这一方面能力的培养。

在体育课程教学中，首先教师应该意识到动机在学习中的重要性，并

积极采取干预策略激活学生的内在动机，同时注重调动学生学习体育的积极性和主动性；其次，教师应该注重学生的学习策略，并采用不同的方式对其学习策略进行指导；最后，教师要注重学习方法和技巧的传授，同时鼓励学生对自己进行科学、合理的评价。

具体到翻转课堂的实施中，教师应该注重学生学习体育的主动性，并采取多种方式来调动学生学习的积极性。举例来说，教师可以对学生课前观看视频的时间和次数进行统计，并将统计的结果融入期末成绩考核中；在课堂上通过提问、作业检查等方式来考查学生课前观看视频的情况，并将这一考查结果融入日常的学习评价中；对没有按时完成课前观看视频任务的学生，需要采取一定的措施，并及时监督他们学习的进度。

总之，利用多种方式来促进学生的主动学习，是翻转课堂教学模式实施的关键。因此，教师应该根据学生实际的学习情况及任务完成情况，选择恰当的策略，从而促进学生的主动学习。

（二）提高素养，培养团队精神

教师是教育教学改革的重要保障，无论是体育的教学改革还是其他形式教育的教学改革，都离不开教师的积极参与。翻转课堂作为一种新的教学模式，在实施过程中也离不开教师的参与。在翻转课堂教学中，教师扮演着不可替代的角色。例如，课前教学视频的制作、在线体育教育平台的构建、课堂教学氛围的营造及教学组织和管理、课后教学评价以及对学生具体学习情况的评价等都需要体育教师的积极参与。在翻转课堂的影响下，这些教学内容也对体育教师提出了更高的要求。例如，教师的计算机操作能力、信息化教学能力、信息资源整合能力、教学组织能力、教学互动能力、教学评价能力等。高校要想在体育教学中有效实施翻转课堂教学模式，首先应该意识到体育教师所扮演的重要角色，其次应该从多个方面提高教师的综合能力。

由于体育翻转课堂教学模式涉及的内容、范围更为广泛，涉及的工作也更为复杂，再加上每个教师的时间、精力等都是有限的，所以除了提高体育教师的综合能力以外，还应该注重翻转课堂团队建设。随着教育教学改革的不断推进，体育教学也逐渐从精品课程建设向教学团队建设方面转变。基于翻转课堂的教学团队建设，是翻转课堂在体育教学中实施的重要保障。它有利于缓解体育教师的压力，有利于培养体育教师的合作精神。

同时，它还有利于体育教师在教学团队中不断学习、不断吸收他人的经验，不断弥补自己的不足，从而能够在很大程度上提高体育教学的质量，促进体育教学目标的实现。

（三）重视体育教学的安全防范

体育教学是一种特殊的教学项目，有着其他教学项目所不具备的特点。比如，体育教学融合体力与智力、需要运动者的身体参与、不同的运动者承载的运动负荷存在着差异等。同时，不同的体育项目，也体现了不同的特点。无论是哪一种体育项目，都存在着运动风险。体育运动中的安全防范是降低或避免运动风险的关键，因此体育教学应该重视安全防范。

与传统体育教学模式相比，体育翻转课堂教学模式注重学生的课前学习。也就是说，学生通常会在课前对教师事先制作的教学视频进行观看和学习。在这一过程中，学生可以理解体育项目中的各种动作，并根据视频中的规范动作进行模仿练习，为课中学习做好充分的准备。然而，这种课前观看教学视频的过程，是学生自主学习的过程，教师并不参与其中。学生在模仿和训练动作时，由于缺乏教师的监督和指导，出现运动损伤的情况也有所增加。针对这种情况，体育教师应该根据课前教学视频的内容做好安全防范工作。

具体而言，教师应该提高安全防范意识，明确哪种体育内容存在着运动损伤风险，并在教学视频中特别予以说明。同时，教师还应该注重对学生安全运动损伤风险的识别，提高学生的安全防范意识。除此之外，教师还应该充分利用翻转课堂平台，在教学视频或在师生互相交流的过程中对运动损伤风险进行分类，并给出相应的预防措施。

（四）完善高校信息化教学环境

随着网络技术、多媒体技术等信息技术的不断发展，教育信息化已成为教育改革的必然趋势，在很大程度上促进了教育教学的现代化发展。高等院校在教育教学现代化建设中，十分注重教育信息化的融入。如何充分利用信息技术，如何将教育信息化与教育教学现代化有效融合，是当今教育教学改革的重要内容，也是教育改革中教育者研究的重要方向。

翻转课堂作为一种新的教学模式，注重对多媒体技术、信息网络技术的利用，注重在线教育、教育技术的融入，这也是翻转课堂教学模式与传统教学模式的主要区别。由此可见，翻转课堂教学模式的有效实施离不开信息化教学环境的支持。要想有效实施翻转课堂教学模式，高校就应该不断完善信息化教学环境。尤其是在当今信息化时代，以翻转课堂教学模式为典型代表的信息化教学日益受到重视。作为影响信息化教学的重要因素，信息化教学环境也日益受到重视，只有不断完善信息化教学环境，才能在一定程度上保证信息化教学模式的顺利实施。

（五）推动教学理论和实践融合

目前，高校公共体育教学日益受到重视，将翻转课堂与高校公共体育教学相结合，将有利于实现高校公共体育教学的信息化教学，有利于促进高校公共体育教学的持续发展和改革创新。因此，探索和研究高校公共体育翻转课堂教学理论与实践，对高校公共体育教学理论研究和实践发展都具有不可忽视的意义。

高校公共体育翻转课堂教学理论和实践研究是一个复杂的过程，并不是朝夕之间就能完成的。为了更深入地研究高校公共体育翻转课堂教学理论与实践，体育教育工作者应该更新教育教学观念，意识到翻转课堂在高校公共体育教学中的重要性，并从多个维度研究高校公共体育翻转课堂教学理论，不断吸收前人的最新研究成果和实践经验。同时，体育教育工作者还应该根据体育教学改革的要求，不断提高自己的能力和水平，不断在公共体育教学中开展研究和探索，加强翻转课堂在公共体育教学中的理论与实践研究，真正实现翻转课堂与公共体育教学理论与实践的有效融合。

（六）避免翻转课堂的异化现象

翻转课堂教学模式在教学理念、教学目标、教学方式、教学结构、教学策略等方面都与传统教学模式存在着较大的差异。因此，教师应该意识到翻转课堂在体育教学中的重要性，根据学生的实际学习情况和身心特点，结合教学的具体目标和体育学科的特点，科学地将翻转课堂融入体育教学实践中，从而真正提高体育教学的效果，避免翻转课堂在体育教学中的异化现象。

第四节　高校体育的混合式教学模式

一、对混合式教学模式的全方位解读

长期以来，学生在传统教学模式下学习体育知识与技能，不可否认取得了一定的成果，但也存在问题。在这种背景下，基于信息技术的混合式教学模式产生，教师可以借助各种各样的教学方法实施不同项目的体育教学。如此，教师的教学积极性得到提高，学生参与体育学习的热情也随之上涨，体育教学的效果得到了很大改善。

混合式教学模式是在信息技术飞速发展的时代背景下产生的，它的践行离不开网络化的教学环境，这是实现人机互动的基础。混合式教学模式实施的目的依然是更好地达成教学目标，只不过在教学过程中强调教与学所有要素的优化组合，这样才能取得最佳效果。各种各样的教学理念、方法、原则都可以在混合式教学中得到应用，学生可以自主地选择适合自己的学习方式，达成学习目标。混合式教学强调教学技术的应用，教学是一个信息与知识传递的过程，传递的效果如何，与教师采取的教学技术密切相关，恰当的技术能够极大地优化教学效果；反之，则会对教学产生负面影响，学生的学习质量也不高。所以，教学必须依托恰当的技术。

线上学习与线下学习的结合仅仅是混合式教学模式的表现形式，其内在本质渗透于多个维度，如在线学习环境与课堂学习环境的融合、在线教学活动与课堂教学活动的融合、在线教学资源与课堂教学资源的融合等。

综上所述，在线学习与传统课堂学习的整合是混合式教学模式的主要特点，各种教学理论、方法、资源、媒介等的融合是混合式教学的核心内容。在此基础上，学生充分发挥主体作用，教师则扮演辅助角色，在良好的环境中开展自主学习、协作学习、个性化学习，以实现教学的最终目的。

（一）混合式教学模式的基本定位

在线学习十分考验学生的自控能力与信息处理能力，如果学生沉迷于在线环境，在应当学习的时间玩游戏或者开展其他活动，则会使学习效果大打折扣；倘若学生不具备相应的信息处理能力，也无法完全按照教师的步骤开展学习。至于传统课堂教学，其教学资源过于单一，学生的学习需求得不到满足，掌握的知识也不够全面。可以看出，在线教学与传统课堂教学均存在不足，单独使用任何一种教学方式都无法实现最佳的教学效果，只有将二者结合起来，相互弥补缺点、发挥优点，才是最好的。

混合式教学之所以能在教学实践中取得成功，就是因为其将在线教学与传统课堂教学相结合，充分发挥了这两种教学方式的优势，这也为教师提供了新的教学途径。简而言之，混合式教学模式对学生更为关注，其在肯定教师作用的同时，鼓励学生自主探究学习，让学生主动完成意义的建构，形成更为健全的知识体系。

第一，混合式教学是相互关联的动态系统。教学过程中的各要素本身就息息相关，在混合式教学中更是如此，甚至其关系更为密切，它们相互关联、相互影响，共同构成了教学的耦合系统。教师与学生作为教学活动的双方，二者都存在自我组织教与学的意识，只不过在能力上表现得有强有弱。有序化的教学过程离不开师生双方的共同努力，师生有着共同的目标，也站在各自的立场接受着相同的信息。由此，学习过程中产生的问题与障碍便具有了一致性，有序化便得以实现。

第二，混合式教学重在激发学习兴趣。兴趣是最好的教师，也是学生学习最大的动力，混合式教学就非常注重对学生学习兴趣的激发。不论是教学课件的制作中，还是教学活动的安排中，或者课后作业的布置中，混合式教学都强调融入趣味性元素，将学生的学习兴趣挖掘与调动出来，这样才能促进学生主动学习。

第三，混合式教学是线上教学与线下教学的融合。单纯强调在线教学、网络教学的教学方式不能被称为混合式教学，因为混合式教学是在线教学的延伸与传统课堂教学的扩展，更是二者的有机结合体。在线教学与传统课堂教学都存在不可忽视的缺点，即前者容易导致师生互动交流的缺失，这样学生在遇到问题时无法及时向教师反馈并寻求帮助，教师也无法立刻知晓自己的教学效果；后者则以教师讲授为主，弱化了学生学习的主体地位，阻碍了学生自主学习、合作学习、探究学习的步伐。

（二）混合式教学模式的主要特点

1. 个性化学习

教学内容虽然具有一定的固定性，但是学生在掌握这些内容时的侧重点却存在差异。这是因为每个学生的学习需求是不同的，他们会采取不同的学习方式、学习方法朝着不同的方向前进。混合式教学以学生为中心，根据学生的需求为他们制定个性化的学习方案。在差异化的教学辅导下，学生收获的学习成果要比传统课堂教学丰硕得多。当某个阶段的学习目标达成之后，学生会更有动力开展下一阶段的学习。

为学生制定个性化的学习方案，并不意味着教师要事无巨细地照顾每个学生，教师只需要根据学生在网络教学平台上提交的个人学习的薄弱环节，就可以为他们制定出有效的学习方案。对于学生已经掌握得很好的知识点，教师一带即过；对于学生感到疑问与困惑的知识点，教师则进行深度讲解。如此一来，学生虽然没有得到教师一对一的辅导，但是却收获了相同的学习体验，获得了相同的学习效果。

2. 监督化学习

混合式教学主张对学生的学习进行监督，目的是更好地掌握学生的学习情况，从而为其提供针对性的教学辅助。所谓新型的监督化学习，主要是依托学生在线学习反馈的数据，只要对这些数据加以分析，学生的学习情况就会被完整地呈现在教师面前。

教师也可以通过多种方式主动了解学生的学习情况，如批改学生的作业、查看学生的学习反馈、统计学生在线平台的相关讨论等。教师之所以要及时关注学生的学习进展，是因为假如学生尚未掌握现阶段的知识，就进入下一阶段知识的学习中，必然会导致两个阶段学习效果均不佳的后果。所以，教师必须确保学生已经掌握了现阶段的知识，才能依照计划开展接下来的教学。

除此之外，学习跟踪系统与学生自我评价系统对于教师来说也是获取学生学习情况十分可行的选择。一方面，教师可以通过学习跟踪系统对学生的学习情况进行统计，如根据学生对教学材料访问的次数推断学生对这部分教学内容的掌握程度，根据查看教学材料的具体用户了解不同学生的学习进度，等等。

自我评价系统不仅是针对学生开发的，让学生可以对自己的学习情况进行评价，而后上传至系统平台，更是针对教师开发的，让教师可以掌握学生的学习情况，并依据学生对自我学习成果的总结与反思，知晓学生学习目标的达成情况，从而对自己的教学行为加以调整。从这个角度来说，自我评价系统既让学生对自己的学习表现进行了客观评价，也反映了教师的教学成效，实现了对教师的监督。

3. 混合式学习

（1）教学理论混合。教育界并不存在所谓的通用教学理论，因此，教师应当根据教学的实际情况采用多种不同的教学理论。目前，公认的对教学效果具有积极作用的教学理论包括行为主义教学理论、认知主义教学理论、建构主义教学理论等。在知识的传播与转换方面，行为主义教学理论与认知主义教学理论的优势最为明显，其能够极大地促进学生对知识的学习、内化与吸收；在均衡教师的教与学生的学方面，建构主义教学理论则表现得更好，其能够指导教师建构起有利于学生自主学习的教学环境，从而推动整体教学目标的实现。不同的教学理论具有不同的特点，它们所表现出的对教学的促进作用也各不相同。这就要求教师在分析教学内容、教学目标、学生学习情况等的基础上，灵活应用各种教学理论，这也是混合式教学所倡导的教学理论的混合。唯有如此，才能最大化地发挥各教学理论的作用。

（2）教学方式混合。对于混合式教学而言，线上与线下即在线网络教学与传统课堂教学的结合是最表层的含义，这也意味着，只要是混合式教学，就都符合线上与线下混合这一特点。在以往的教学实践中，以互联网、多媒体等为媒介的线上教学与传统的课堂教学之间存在一道鸿沟，大多数教师仅仅以课堂讲授作为教学的重心。混合式教学则打破了线上与线下教学的界限，使两种看似迥然不同的教学方式融为一体。

其实，不论是线上教学还是线下教学，其目标都是高效完成教学活动，让教学成为有效、有意义的事。混合式教学在教学实践中的应用绝不能流于形式，要真正把教学各要素有机联系起来，如师生、家长、教学资源等，引导学生同时开展线上学习与线下学习，充分发挥互联网、多媒体等对传统课堂教学的促进作用，让学生在良好的氛围中习得知识、掌握技能。

（3）教学资源混合。

第一，教学资源内容的混合。随着社会的发展，单一的技能型人才已经无法满足用人单位的需求。因而，综合性人才培养成为高校的重要任务。

学生在学习的过程中，不能仅仅接受某一门学科知识，而是要广泛吸收多学科的内容，在混合式教学资源内容的推动下，形成系统条理且发散的知识体系，进而形成更强的社会竞争力。

第二，教学资源呈现方式的混合。教学资源是学生知识与技能学习的主要来源。在传统的课堂教学中，教学资源通常借助书本这一载体以文字的形式呈现出来。基于混合式教学，越来越多依托互联网与多媒体的资源呈现方式衍生出来，使得学生可以在学习课本的基础上，加深对知识的理解。知识本身就是无处不在的，学生在课本中、黑板上、网络里都能学习到知识，只有将传统的与新型的教学资源呈现方式混合起来，同时发挥二者的作用，才有利于学生对多种教学资源的综合利用。

第三，教学资源整体的优化与整合。将在线学习资源与传统的课本中的学习资源相融合，能够使学生获得庞大的学习资源库，满足其多种多样的学习需求。但与此同时，庞大的学习资源库中也产生了许多低质的内容，如同一知识点的重复讲解、同类知识点的分散讲解等。这样的内容并不利于学生的高效学习，也造成了不小的资源浪费。所以，教学资源必须在混合的基础上实现优化与整合。

二、基于微信的高校体育混合式教学模式

（一）高校体育混合式教学模式的突出特色

1. 线下教学为主，线上教学为辅

在当前的高校体育教学中，学生在课上聆听教师对体育知识与技能的讲解，而在课下巩固时，大多只能依靠脑海中的记忆或者身体感受进行，能够用于参考的复习资料很少，这限制了学生对体育技能的全方位把握。在基于微信的体育混合式教学中，学生可以借助在线教学平台查阅自己所需的学习材料，对已经掌握的知识进行大致浏览，而那些难度较大的知识则进行多次阅读并加以演练，这不但提升了学生课下巩固的效果，还使得其个性化学习需求得到满足。但是，体育毕竟是一门以实践课程为主的学科，学生切切实实地开展身体运动才是根本，线上教学只能作为线下教学的辅助手段存在，而绝不能将其替代。

2. 线上教学内容与线下教学内容高度相关性

线上与线下作为两种不同的教学手段，其目的是一致的，即促进体育教学的有效开展。体育教师在应用两种教学手段的过程中，线下教学始终处于主导地位。因此，无论线上教学的资源内容如何丰富、资源呈现形式如何精彩，在教学内容上，都应当与线下教学保持高度相关。体育教师可以在线上教学平台发布课前预习内容，也可以将课堂讲授中没有阐释清楚的知识点制作成教学视频上传至线上教学平台，帮助学生课后巩固与复习。

3. 线上教学与线下教学优势互补

线上教学与线下教学各有利弊，基于微信的体育混合式教学要做的就是将二者的优势充分发挥出来，缺点则应尽可能规避。线上教学突破了学习的时空局限性，学生在图书馆、自习室、宿舍乃至家中都可以开展体育学习，并且能够接收到大量的学习信息。但由于学习环境的改变，学生的学习过程无法得到有效监督，不能感受到集体学习的氛围，这会在一定程度上影响其学习成效。所以，基于微信的体育混合式教学要把线上教学与线下教学的优势结合起来，从而切实提高体育教学的质量。

（二）高校体育混合式教学模式的应用要点

之所以采用基于微信的体育混合式教学模式，是因为微信在大学生群体中的普及程度非常高。高校借助备受大学生青睐的通信软件开展体育教学，教学效果无疑能够得到提高。

在实施这一教学模式时，体育教师应当明确线上教学与线下教学的主次关系，在这个前提之下选择与线下教学内容相关度高的线上教学内容，充分发挥二者的优势，促使学生在有组织、有纪律的环境下，学习体育知识与技能。在微信的辅助下，体育教学课程的实施有了更多可能，体育教师不再是教学的主导者，学生以学习主体的身份投入体育学习之中，在自主学习意识的支配下，体育学习的成效有所提升。这样，教师便有了更多时间与精力为学生准备拓展性的教学素材。

第一，线上教学平台设计应简单易用。借助微信开展体育教学要注意教学平台设计的简单化与易用性。微信作为大学生必备的即时通信工具，本身就具有普及率高、易于操作等特点，体育教师只需对微信原有的功能稍加研究，就能开发出线上教学平台。例如，体育教师可以申请微信公众号，将教学材料放在上面让学生浏览与阅读；还可以建立微信班级群，在群内发布与体育教学有关的通知或者与学生就体育学习的问题展开讨论等。

第二，线上教学内容应仔细甄选。线上教学内容作为线下教学内容的补充，需要体育教师仔细甄选。在线下体育教学中，大多数学生都存在教学内容过于单一且十分枯燥的感觉，尤其是体育理论课的教学。为此，体育教师可以将体育竞赛、全民健身政策或者正能量的体育故事融入线上教学中，让学生在兴趣的推动下进行课前预习，并以极高的积极性投入课中学习与课后复习之中。

第三，线上教学应有组织性、纪律性。如今，学生对手机的依赖程度不断提高。在基于微信的体育混合式教学中，为了防止学生沉迷于网络，教师要引导学生形成自律的意识，并在此基础上确立明确的课堂纪律，让学生在有组织、有纪律的环境中开展线上学习。

第四，线上教学交互通道应畅通无阻。在传统体育教学中，师生之间的交互通道较为单一；在线上教学的辅助下，师生之间的交互打破了时空限制，一名教师面对多名学生、一名教师面对一名学生、多名教师面对多名学生的情况均成为可能。这样的教学环境拉近了师生间的距离，改善了师生间的关系。在实际教学中，体育教师要努力维护各种交互通道，如学生线上留言、学生参与线上教学平台建设等，从而优化线上教学的效果。

三、基于 QQ 群的高校体育混合式教学模式

（一）高校体育混合式教学模式的设计要件

1. 设计依据

随着高校体育教学改革的深入推进，健康第一、健身育人、以学生发展为本成为体育教学的主要指导思想。在此基础上，高校体育灵活运用多种教学模式提高体育教学的质量，使体育教学获得更为丰硕的成果。学生作为体育教学中的主体，教师开展的一切教学活动都应当围绕学生；在基于 QQ 群的体育课混合式教学模式设计中，教师也应当充分考虑学生的特征，这样不仅能对学生学习的初始能力有大致的了解，还能对不同学生的特点有全面的把握。

2. 目标设计

不同教学模式在教学中实施的目的都是相同的，即达成教学目标，混合式教学模式同样如此，要想取得良好的教学效果，首先需要设计出合理的教学目标，然后需要围绕这一目标开展。体育课程改革为当前的体育教学制定了更加科学合理的目标，并通过三个维度表现出来——知识与技能目标、过程与方法目标、情感态度与价值观目标。由此可以看出，体育已经不再是单纯教授学生体育知识、锻炼学生体育技能的学科，而是从学生的全面发展出发，培养学生体育综合素质的学科。根据这三个目标维度，学生应当做什么、在什么环境下做、做完之后要达到什么要求都是体育教师在教学目标设计中应当明确的。

（二）高校体育混合式教学模式的实施要点

1. 实现条件

（1）网络工具的支持及物理环境。混合式教学模式的实施离不开必要的网络工具，因为无论是微信还是 QQ 都需要网络设备的支持。现如今的大学生，人人都有智能手机，还有很多大学生有平板电脑、笔记本电脑等移动上网设备。因此，基于 QQ 群的体育课混合式教学模式具有坚实的网络工具支持。相应的网络环境更是不成问题，大学生几乎都配备了流量十分充足的套餐，他们随时可以畅游在 4G 甚至 5G 的网络环境中。有些高校为了方便学生开展网络学习，还专门设置了校园无线网。只要在校园内，学生便可以尽情地使用。

（2）场地器材分析。21 世纪以来，高等教育的发展始终受到教育部门的关注，体育教学更是处于不断的改革优化之中。现在，绝大多数高等院校的体育场地和器材都非常完备，即便是某些硬件条件不好的高校，也都拥有标准的 400 米塑胶田径场，并配备各种体育器械等。基于这样的硬件环境，体育教师需要注意的是，专门项目的体育器材并非只能在对应项目的教学中使用，如球类器械也可以在其他体能课上使用，从而锻炼学生的肢体协调能力。

2. 实施流程

（1）课前实施。体育课前，对每节课的教学内容，学生都可以通过相关的教学平台查阅。为了降低学生课前自主预习的难度，教师可以搜索与本节课教学内容相关的技术动作视频，根据学生的实际接受情况稍加调整，而后上传至 QQ 学习群内，并把预习任务告知学习小组的组长，让小组成员带着任务开展学习。若学生在观看教学视频的过程中产生疑问，可以通过群聊及时向教师求助，教师对一般性的问题进行个别解答，对那些难度太大的问题则留到课堂上集中阐释。

（2）课中实施。体育课中，体育委员发挥带头作用，组织全班同学进行热身训练；与此同时，各小组长帮助教师把上课所需的器械道具放到相应位置。全班同学热身结束后，体育教师就本节课需要学习的内容向学生简单提问，考查他们课前自主学习的成果；而后，教师详细讲解教学内容，并亲身示范。在此基础上，全班同学以划分好的小组为单位，在小组长的带领下开展动作训练。体育教师进行巡回指导，对动作出现错误的学生加以纠正。练习结束后，各小组进行比赛，对获得胜利的小组予以奖励，对失败的小组则予以适量的体能加练惩罚。

（3）课后实施。体育课后，教师要为学生布置相应的作业，以巩固学习成果，具体包括体能作业、技能作业与上课总结。在完成作业的过程中，学生出现任何问题都可以通过 QQ 群与同学探讨或者直接向体育教师请教。

第五章　高校体育与终身体育理念的融合审视

第一节　终身体育理念下的高校体育

一、终身体育概述

在教育的不同定义中，我们均能看到体育的身影。体育作为教育的一个分支，承载着特定的、重要的教育使命。终身教育思想的诞生催生了终身体育概念的形成，终身体育思想的提出则进一步丰富和完善了终身教育思想体系，它们之间存在着千丝万缕的联系。

（一）终身体育的主要内涵

1. 终身体育的基本含义

终身体育的目标是将体育纳入体系化和整体化的范畴，为个体在不同的生活领域和时期提供参与活动的机会。它强调体育锻炼和体育教育贯穿于人的一生，而不仅仅是在特定阶段或特定目的下进行。从人的生命周期来看，终身体育是指人一生中接受的体育教育和培养的总和。

2. 终身体育的主要阶段

终身体育可以划分为三个主要阶段：学前体育、学校体育和社区体育。

（1）学前体育是儿童在家庭影响和家长的帮助下进行的一些简单活动。这些活动的目标是保育和培育儿童的身体素质，帮助他们养成良好的身体运动习惯和兴趣。

（2）学校体育是学校和体育教师对学生进行全面、系统和有目的的教育。通过教学计划和体育课程，学校体育旨在促进学生的身体素质、技能和认知能力的综合发展。学校体育不仅仅是体育课堂上的学习，还包括学校体育团队的训练和比赛，以及学生参与各种体育俱乐部和社团的活动。

（3）社会体育主要涵盖社会、单位或家庭组织的体育活动以及个人的体育活动行为。社会体育的目的是通过科学的锻炼方法来强身健体，促进个人的身心健康。社会体育包括各种团队运动、健身活动、户外运动和休闲运动。参与社会体育活动有助于人们养成健康的生活方式，并与他人建立社交联系。

（二）终身体育的影响因素

终身体育的影响因素多种多样。比如性别、年龄、体格、体力、个人目标、社会地位、知识结构和修养等因素会使个体之间产生差异。

1. 教育因素

教育因素对于个体一生中从事体育活动的影响具有重要意义，其中学校体育教育在终身体育发展过程中扮演着关键角色。优秀的体育教师以其榜样作用，运用合适的教材，有趣的新兴体育项目以及悠久的传统项目，对塑造学生的体育观念、培养学生的体育兴趣和良好的体育习惯都起着积极的促进作用。因此，学校体育教育被视为终身体育发展的基石。

在大学阶段具备出色体育表现、热衷于特定体育运动项目并且具备坚持锻炼习惯的个体，在中老年阶段依然会保有对体育的认识，并且能更好地继续从事终身体育运动项目。可以说，中老年人的体育态度和实践项目与他们在高校期间接受的体育教育密切相关。

2. 家庭因素

家庭是组成社会的细胞，它对终身体育的影响也不可低估。家庭影响因素中最主要的是家庭关系的和睦与稳定。一个幸福、美满、充满奋进的家庭是夫妻双方长寿的必要条件，更是终身体育得以实现的必要保障。家务劳动、家庭负担、子女教育、课程辅导、住房条件都会对终身体育产生影响。

3. 社会因素

终身体育的推广与发展受到多个因素的制约。除了个人对体育的观念、社会责任感和自我锻炼能力等主观因素的影响外，终身体育还受到客观因素的制约。这些客观因素主要包括工作性质、工作条件和环境、人际关系以及体育场地和器材等。这些客观因素可能限制或促进个体参与终身体育锻炼的积极性，对终身体育的实践活动有着重要影响。

以上分析表明，终身体育的特点包括多变性、不稳定性和个体差异性。尤其值得注意的是，学校体育教育作为传承终身体育文化的基础和手段，同时也是终身体育实践的前提和保障。

二、高校体育和终身体育的内在联系

高校体育作为学校体育的重要构成部分，在学生从学校体育向社会体育过渡的过程中起着关键作用。它深刻地影响着学生终身体育观念的形成，是终身体育不可或缺的组成部分。高校体育是学校体育的最后阶段，是广大学生生长发育和个性形成的重要时期，同时也是终身体育实践的关键时期。

可以说，高校体育的有效实施直接影响着终身体育在学校体育到社会体育过程中的顺利延伸。“高校作为我国人才培养的重要机构，其体育教学的质量和水平会对国民整体身体素质水平以及体育观念产生重要影响。因此，在‘终身体育’视域下，对高校体育教学进行改革是高校体育教育发展的必然趋势。”①

① 张建，闫亚坤．终身体育视域下的高校体育教学改革存在的困境及出路分析 [J]. 当代体育科技，2022（12）：105.

（一）高校体育与终身体育产生内在联系的原因

高校体育的目标任务不仅仅是促进学生身体健康和增强学生体质，更重要的是培养学生积极参与和自觉锻炼的意识，使体育成为他们生活中不可或缺的一部分。高校体育教育应注重其长期效果，以实现学生毕业后对体育的持续关注和参与，为他们终身体育的发展奠定基础。

高校体育与终身体育之间存在着紧密联系，这是历史发展的必然结果。通过高校体育的培养，个体能够实现终身参与体育活动的目标。学校体育应适应社会发展的需要，既要满足学校期间的任务，也要面向未来的社会生活，充分展示其多功能和多目标的作用，为培养社会所需的人才发挥重要作用。

终身教育思想对学校体育产生了深远影响，学校体育必须与终身教育的潮流保持一致，与家庭和社会相互联系，通过反馈机制实现家庭、学校和社会的和谐发展。学校体育需要重新思考学生的需求，调动他们的积极性，使锻炼成为他们更持久的习惯。同时，学校体育还应摆脱单调和脱离生活的内容，赋予其时代气息，以吸引学生的参与。

总之，高校体育的目标是培养学生积极参与和自觉锻炼的意识，使体育成为他们生活中不可或缺的一部分，为他们终身体育的发展奠定基础。高校体育教育应注重长期效果，为学生毕业后对体育的持续关注和参与提供支持。高校体育与终身体育有着密切联系，能够帮助个体实现终身参与体育活动的目标。为适应社会发展的需要，学校体育应发挥多功能和多目标的作用，为培养社会所需的人才做出贡献。

（二）高校体育与终身体育内在联系的主要表现

如今，体育已经成为人们生活中不可或缺的一部分，而不仅仅是阶段性的活动。保持身体健康对于每个人来说都是至关重要的，因此每个人都应该选择适合自己的锻炼方式。体育不仅仅是一种活动，它与教育、个人的生活方式和行为也有着密切联系。大学阶段是培养学生终身体育观念的关键时期，通过引导学生形成稳定的运动情感和掌握基本运动技能，培养他们参与体育锻炼的习惯。大学体育教学起着强化中小学体育的作用，这也决定了大学阶段是学生终止体育行为的敏感时期。

终身体育以促进个体发展为中心，贯穿于个体的整个生命历程。它不仅仅关注个体短期的身体健康，还注重培养个体的素质和能力，包括身体素质、认知能力、社交能力等。在这个过程中，高校体育教学和终身体育相互关联和相互促进，共同为个体的全面发展服务。高校体育教学不仅仅是一堂堂课程，更是一种生活方式的引导。通过体育教学，学生可以了解到不同运动的乐趣和意义，进而融入体育文化中。这不仅可以提高他们的身体素质，还可以培养他们的团队合作意识和领导能力。这些素质和技能在他们的终身体育活动中将发挥重要作用。

1. 高校体育是终身体育的组成部分

我国的学生数量约占全国人口总数的四分之一，比重相当高。在一个人的整个生命周期中，学生阶段所占时间接近三分之一，因此学校体育教育非常重要。有关学校体育教育的重要性可以通过以下推论得出：若能有效开展学校体育教育，即相当于掌握了全体国民体育的理论基础，同时也抓住了人们终身体育发展的关键时期。大学教育是学校教育的一个重要阶段，也是终身体育教育的重要环节。此外，大学体育与社会体育紧密相连，具有引导终身体育发展的教育作用，它不仅关系到学生在校期间的体育锻炼，还直接影响着学生毕业后在工作岗位上的长期体育发展。

处于大学阶段的学生通常年龄在 18 至 22 岁，这个年龄段的学生无论是在生理上还是心理上都呈现出成人化的趋势。他们对问题的认知和分析更加深入，情绪也更加稳定。正因如此，这个时期成为培养终身体育意识的最佳时期。此外，由于在大学阶段，学生的各个生理系统都发育成熟，肌肉力量得到显著增强，各个身体器官的功能处于最佳状态。因此，这个时期对于掌握运动技能和提高身体素质更为有利，为实践终身体育奠定了基础。

2. 高校体育是终身体育理念的基础

作为终身体育中间环节的高校体育，在终身体育中扮演着重要的角色，其功能可被视为“奠基”。其一，高校体育通过教学活动、课外活动和竞赛活动的方式，推动大学生接受体育教育，掌握体育基本知识、技能，并熟知科学的身体锻炼方法，从而让他们在学业压力下能够得到最佳的放松与调解，享受到青春活力。其二，高校体育通过考核体系，对大学生的体育教育进行系统的量化评价，全面展示大学生的体质状况和健康水平，以此促使大学生了解终身参与体育锻炼的基本知识，掌握科学的锻炼方法，并养成自觉进行身体锻炼的习惯，从而达到终身受益和受用的根本目标。

终身体育以培养终身体育意识和终身体育能力为基本目标，从而帮助人们养成科学、规律的锻炼习惯，为自身成长发展强基固本；而高校体育教学则是践行终身体育理念的重要基础。如果说中小学体育教学是以“强身健体”为基本遵循，那么高校体育教学则是学生真正意义上接受体育综合教育的起点。一方面，高校体育教学强调知识与能力的结合。无论是球类、操类还是舞蹈类体育课程，教师在教学过程中都会系统阐述运动知识，并结合动作示范与要领讲解来帮助学生内化体育知识、提升运动技能。另一方面，高校体育教学突出效率与科学的协调。合理的运动负荷是保证体育教学达成既定目标的重要条件。高校在体育教学实践中，应根据课程实际制订运动强度与练习密度计划，而且应注重通过综合运用多种体能练习来丰富体能训练手段、联通体育知识与技能体系，以保证学生在科学规范的运动负荷下达到最佳学习状态。因此，高校体育教学对知识与技能、科学与效率的全面兼顾，为学生形成终身体育理念和习惯打下了良好基础。

此外，现阶段高校公共体育课程教学基本采用学生自主决定学习内容、授课教师以及学习时间的“三自主”模式。除教学资源配置、学生集体偏好等个别因素导致体育选课困难以外，学生大多出于个人兴趣爱好而选择体育学习内容，这将有利于学生以更积极的态度和更饱满的热情投入体育学习之中，也对学生尽快掌握运动技能、取得良好运动成绩具有积极作用。从长远来看，学生在体育学习中的积极体验为其感受运动魅力、体悟锻炼价值以及实现自我效能奠定了坚实基础，这对学生养成终身体育的意识和习惯无疑具有积极作用。

3. 终身体育是高校体育的价值延伸

在高等教育深化改革的大背景下，高校体育发挥着重要的作用，不仅仅在知识增长、体质增强和品格塑造方面，而且在角色与价值的多元化和立体化方面，与高等教育价值的回归密切相关。高校体育对学生具有引导性和约束性，因此被列为必修课程，要求学生必须完成相应的修学内容。这种引导和约束使得学生在校园内有规律地参与体育活动，从而培养了良好的运动习惯和纪律意识。然而，学生毕业后往往面临着求职、发展和成家的巨大压力，很少有人能够保持良好的运动习惯。因此，终身体育理念的提出变得尤为重要。终身体育理念强调个体身心健康的重要性，并且能够在社会中被广泛认可和接受。它激发了人们对身心健康的需求，促使人们积极参与各种运动，并养成良好的运动习惯。

终身体育理念使得高校体育教学不再局限于校园内部，而是延伸到校园之外，服务于学生的成长发展。这意味着高校体育不仅仅关注学生在校期间的体育活动，而且还注重培养学生毕业后继续从事体育运动的意识和能力。因此，高校体育教学的作用与价值得以有效延伸。它不仅对学生的知识和体质发展有积极影响，而且培养了学生的品格和纪律意识。同时，终身体育理念的引入使得高校体育在学生毕业后的发展中仍然起着重要的推动作用，帮助他们保持健康的生活方式，并为他们提供了更广阔的发展空间。

4. 高校体育与终身体育共促个体发展

从价值角度来看，高校体育与终身体育理念都以个体为中心，为促进个体长远发展而服务，即二者追求的目标具有高度一致性。高校体育教学是学校体育的重要一环，是在中小学体育教育成就的基础上，帮助学生进一步内化知识、提升能力的过程。可以说，高校体育教学是多数学生接受体育教育的最后阶段，既是对既往学校体育教学的有序拔高，也是对学校体育教育生涯的整体总结。终身体育是个体生命由开始到结束，持续学习和参与体育锻炼的完整过程，也是个体在体系化、整体化体育目标下，在不同人生阶段和生活领域获得参加体育活动机会的实践过程。从先后顺序来看，高校体育教学作为学校体育的末端环节，远远滞后于终身体育理念对个体整个生命周期的体育锻炼要求。从实践角度来看，终身体育理念往往在社会生活中更易被理解和接受，因而终身体育理念更倾向于学校体育的延伸与发展。实际上，无论是高校体育教学还是终身体育理念，都是基于体育锻炼的重要性和必要性，从个体长期发展维度提出的体育实践要求。个体成长成才、融入社会需以良好的身心素质为前提，个体追求理想、提高生活品质也需以身心健康为基础，所以创新高校体育教学、践行终身体育理念，目的在于使体育锻炼思想贯穿个体成长发展的全过程，从而在意识层面为个体提供持续强化、高效互补的体育锻炼动力。

可以这样说，高校体育不仅是终身体育不可缺少的组成部分，更是关系未来高素质劳动者健康水平的重要环节。高校体育是衔接学校体育与社会体育的“桥梁”，对终身体育起着不可替代的作用。

第二节　高校体育与终身体育融合的必要性

“融合”，意味着将事物融化或融合为一体。从哲学的角度来看，“融合”指的是两个以上的事物之间存在着客观必然的联系，它们在内部相互联系并结合，形成了对立统一的整体。高校体育与终身体育思想的融合意味着高校体育教学思想必须与终身体育思想相结合，高校体育教学方法与模式应当为更好地实现终身体育的指导思想而服务。

一、高校体育与终身体育融合是社会发展的迫切需要

高等教育机构作为未来社会劳动力的主要培养机构，承担着培养社会主义建设者的主要任务。随着社会生产方式的演变，脑力劳动已成为当前社会主要的劳动方式，且现代社会的高速发展使人们承受着日益加重的精神和生理负担。未来社会的劳动者不仅需要拥有丰富的知识，还需要具备良好的身体条件来适应不断演变的生活方式。

高等院校体育教育是学生终身体育锻炼的最后阶段，既加深了学生在前期体育教育中的理解，更关键的是形成了学生对“终身体育”的意识，促使其培养体育锻炼技能并养成体育锻炼习惯。现代社会要求高等院校不仅仅是向学生传授科学文化知识的场所，还应该是对学生进行终身体育教育的场所，培养他们的终身体育意识和方法，以便让他们终身受益。

二、高校体育与终身体育融合是体育思想发展的结果

（一）我国高校体育思想发展的主要阶段

我国历来重视高校体育的发展，无数先辈为高校体育做出了不可磨灭的贡献。在高校体育思想上，我们也经历了不同的时期，在每个时期都有着不同的思想，这与我们对学校体育的不断认识和社会经济发展不无关系。

回顾我国高校体育思想，其主要经历了以下四个阶段。

1. 以体育技能传授为主的“三基”目标的体育思想

20世纪50年代初，我国高校体育教学把以体育技能传授为主的“三基”目标作为法定的指导思想，于是突出以教师为中心，用机械模仿、课堂纪律、集体行动等规范约束学生，忽视学生对学习内容进行选择的条件与机会。这种“传习式”的教育思想和方法，虽在组织教学规范化、传授知识技能系统化方面产生过积极的影响，但也阻碍了学生个性的发展，忽略了学生身体素质的提高，在一定程度上限制了高校体育效能的发挥。

2. 强调“生物体育观”的体育思想

20世纪60年代中期至70年代中期，高校体育以“生物体育观”为立足点，在重视学生身体发展的同时，给予学生体力的重视。但由于对这个观念的片面理解，高校体育从一个极端走向另一个极端，使体育教育发生了扭曲，甚至有的高校干脆以劳动、军训代替体育教学。在这种错误思想的干扰下，高校学生的身体素质水平逐年下降，其中有相当部分学生缺乏最基本的体育知识和运动技能，导致高校体育仍处于“启蒙”教学阶段。正是由于教育主体一直处于被动、消极的地位，教育思想始终难以突破传统教育观念的束缚，体育活动才变成了简单、僵化、枯燥的固定程式。

3. 重视“三基”，“增强体质”的体育思想

“体育课的任务有三，简言之，一是传授体育基本知识、基本技术、基本技能（通常简称‘三基’）；二是增强体质；三是进行思想品德教育。”[①]20世纪70年代末，教育部新颁布的高等学校普通体育课教学大纲提出从增强体质出发，并与《国家体育锻炼标准》相结合的观点，在强调“三基”的同时，明显地把“增强体质”放在了主导地位。但由于当时把田径作为教材内容的重点，仍保留了部分技术技能类项目。这表明对20世纪60年代初开始讨论的“体育课是以发展身体为主还是以掌握技术技能为主”的颇有争论性的问题有了比较全面的认识，即以体现生理负荷和练习密度的体育教学，应在遵循身体发展规律的基础上重

① 游桂香．体育课应以传授“三基”为主[J].中国学校体育，1987（6）：39.

视技术的掌握，而不一定非要呆板地按照技术教学常规组织教学。这说明在促使高校体育教学的发展上，我国又向前迈出了重要的一步。

4. 提倡“终身体育”理念的体育思想

改革开放时期，中国社会经历了深刻的变革，这其中最显著的就是社会生产力和生产方式的巨大变化。这一变化不仅改变了人们的工作方式和生活方式，也对整个社会结构和价值观念产生了深远影响。随着信息时代和知识经济的到来，现代社会强调高效、快速和创新，这也对个体的身心健康提出了更高的要求。然而与以往不同的是，社会生产过程中往往缺乏身体运动，这导致了文明疾病和职业病的威胁逐渐加大。

为了保障人们的健康，“终身体育”的概念逐渐兴起。“终身体育”强调的是人们在整个生命周期中都要坚持体育锻炼，使其成为一种长期的生活习惯。这种体育运动形式不仅关注竞技水平，更注重个人的身体素质和健康状况。通过“终身体育”，人们可以获得全面的身体锻炼，增强身体素质，预防疾病，提高生活质量。

在高校教育中，“终身体育”的教学思想得到了广泛吸收和应用。高校体育将“终身体育”作为教学的指导思想，通过培养学生的体育兴趣和习惯，帮助他们树立正确的健康观念和生活方式。高校体育教育不再仅仅注重学生的竞技成绩，更关注学生的全面发展和身心健康。通过提供多样化的体育项目和锻炼机会，高校体育为学生搭建了良好的体育锻炼平台，培养了他们的团队合作精神、领导能力，提高了他们的身体素质，使他们能够更好地迎接现代社会的挑战。

（二）高校体育与终身体育融合是体育思想发展的必然

20 世纪 80 年代的改革开放引发了中国社会的深刻变革，这场改革对人们的生活方式产生了重大影响，同时也对体育事业的发展起到了积极的推动作用。在改革开放的浪潮下，人们对体育观念有了重新的认识，逐渐认识到体育已经成为现代生活中不可或缺的一部分，且这种认识逐渐形成社会的共识。

体育现象被认为由生物、心理和社会三个方面的因素所构成。首先，生物方面的因素主要涉及个体的身体素质和发育状况，对体育锻炼的效果具有重要影响。其次，心理因素则涉及个体的意志力和心理素质，决定了个体对体育活动的态度和投入程度。最后，社会因素主要包括了体育的组织和管理体制、社会文化环境等方面的因素，对体育活动的发展和普及具有重要的推动作用。

在高校体育教学中，教学目标正朝着多目标、多功能的方向转移。传统上，高校体育教学主要关注学生的体能发展和技能培养。然而，随着社会发展和人们对体育的认识日益深化，高校体育教学目标也逐渐扩展。除了增强学生的身体素质和使学生掌握相关的技能和知识外，高校体育教学还注重学生的个性发展和全面素质的培养。

为了实现这些教学目标，高校有必要注重学生的自觉主动参与。学生的自觉主动参与不仅意味着他们要积极主动地参与体育活动，还意味着他们要树立正确的体育观念，并将体育融入自己的生活中。通过主动参与体育锻炼，学生可以提高身体素质，培养集体主义精神和团队合作精神，同时也可以在体育活动中发展和发现自己的特长和潜能。

三、高校体育与终身体育融合是教育理念转变的要求

高校体育界的学者提出将“终身体育”作为高校体育的指导思想，旨在以终身体育作为高校体育的主线，从人本主义出发，使每个学生在体育方面都能够终身受益。高校体育在学生的校园体育学习中扮演着重要的角色，是学校体育的最高层次。同时，高校体育也是学生走向社会的中转站。作为学与用的衔接点，它承担着将学生从学校体育引领到社会体育的任务。高校体育作为大学生由学校体育走向社会体育的桥梁，处于大学生较为成熟的青年时期，是培养终身体育意识和能力的重要时期。高校体育与终身体育的融合关乎广大学生健康和快乐人生的利益。高校体育的教育和训练，可以不断提高国民的身体素质，特别是为从事脑力劳动的高级人才提供支持。

因此，高校体育界倡导将终身体育融入高校体育的教学和管理中，以确保学生在校期间全面发展并终身受益。这一指导思想的目的是培养学生的体育兴趣和习惯，提高他们的身体素质和健康水平，同时塑造他们的品格和价值观。通过高校体育的实践，学生可以树立合作、竞争、团队精神以及掌握克服困难和挑战的能力，这些都将为他们今后的职业和生活奠定坚实的基础。因此，将终身体育纳入高校体育指导思想中，对于广大学生和国家的发展都具有重要意义。

第三节　高校体育与终身体育融合的有效途径

一、构建终身体育的教学模式

（一）体育教学模式的基本概念

教学模式是人们对教学过程的自然性特征的简化形式，是由教学理论通向教学实践的桥梁。有效的教学模式兼容三种特征：一是促使学习者积极地参与教学过程，强调教学过程的有效性；二是遵循明晰的教学步骤、程序，强调教学过程的可操作性；三是以学习、行为和思维等的相关理论为指导，强调教学过程的理论性、先进性。体育教学模式指的是体育教学理论在一定条件下的转化形式，它是用于设计课程、选择教材、规定师生活动的体育活动的基本框架或系统。

（二）终身体育教学模式的特点

第一，以终身体育为指导思想。终身体育教学以终身体育思想为教学指导思想，强调学生（或是受教育者）的终身体育能力的培养，重视个人的需要和个性的发展，以人的未来发展为根本，其教学的核心是终身体育习惯的养成。

第二，注重身体健康教育。终身体育教学模式注重健康教育，教学过程中贯彻着“健康第一”的思想固然重要，但教学目的不是“健康唯一”。终身体育教学是在提高受教育者健康水平的基础上培养受教育者的良好体育态度、科学的养生保健手段以及健康且个性化的生活方式。

第三，体育教学倡导民主平等。民主平等是终身体育教学的另一个特点。教师与受教育者是教学过程的参与者，受教育者的主体性更加突出，教师更多的是扮演咨询者、引导者的角色。教师应成为受教育者养成终身体育习惯，形成终身体育能力过程中积极的能动的工具。

（三）终身体育教学模式的结构

探索教学模式的目的是突破模式，提高教学效益。凡是适合实际情况，行之有效的教学程序都可以作为终身体育教学模式的借鉴。从发展的观点来看，现行的一些教学结构程序有待改进提高，而终身体育教学模式的结构又有其自身的特点。

体育教学通常可以分为：课的开始、课的中间和课的结束部分。终身体育教学的过程也分为三部分。

第一，课的开始部分：身体动员，激发兴趣→确定大课题，确定学习目标→提出假设，进行尝试性练习→明确小课题，设计学习步骤。

第二，课的中间部分：分组学习，探索验证→小组讨论交流，修正方法，得出结论→教师评价、小组评价、自我评价→修正计划，加深理解，分组学习，情感体验。

第三，课的结束部分：课堂总结讨论，整理学习心得→放松身心→准备下一课题。

终身体育教学的过程分为三个部分，每个部分环环相扣，课的开始部分是为整节课做准备，激发调动学生的运动积极性。在课程开始前，教师应该充分考虑上次课学生对教学内容掌握的实际情况，和教学中客观存在的问题，并在教学过程中加以改进。这样在教学中才能真正做到有的放矢。在分组练习当中，教师应该对学生的技术动作适时予以纠正，同时教师和学生之间应该保持畅通的信息通道，使学生在学习过程中与教师之间形成良好的互动。

（四）终身体育教学模式的原则

高校体育的任务是增强学生体质，培养学生终身体育的兴趣、能力和习惯，促进学生意志品质和审美创造能力的提高。根据这个任务，高校建立终身体育教学模式，必须遵守一定的基本原则。

1. 实际性原则

高校要根据学生的身体状况、运动能力和各自所处的环境条件来选择不同的锻炼内容和方法，确定不同的运动量及运动负荷，使身体锻炼符合他们的客观实际，帮他们达到终身体育的目的。

2. 主体性原则

高校体育的主体是学生，一切活动都要围绕促进学生的发展来进行，学生自主性较强，独立思维观念基本形成，更应注重学生需要的满足和个性的发展，强调学生主观能动性的发挥。高校要切实培养学生的终身体育意识与习惯，就必须充分调动他们的主观性，只有具有较强的主观需求才能实现终身体育真正的持之以恒。

3. 多元性原则

高校体育正逐渐出现学生体育需求与社会需要相结合、学校体育与社区体育相结合、增强体质与提高健康水平相结合、技术技能与掌握保健知识相结合、身体锻炼的隐性效应与显性效应相结合、课内与课外相结合的多元立体结构。高校体育教学所采取的具体教学模式，应根据每个学校现有的师资和场地条件因地制宜、因时制宜，同时必须符合终身体育教学模式的指导思想和原则。

4. 自觉性与经常性原则

要坚持终身从事体育锻炼，锻炼者就必须有明确的目的性，自觉地根据自身需要与条件进行身体锻炼。人的体力、智力和情绪的发展具有周期性的规律，学生要掌握这一规律，不断丰富自己不同年龄阶段的身体方面的知识，自觉，积极地调整运动负荷，以适应身体发展的需要和终身体育的需要。同时，要讲究终身体育锻炼的持之以恒。如果不能坚持，只是断断续续地锻炼，前一次锻炼作用的痕迹已基本消失，后一次锻炼的积累影响就会变小，其身体结构、机体能力、运动素质和基本活动能力也就不能保持良好的状态。

5. 快乐体育原则

兴趣是最好的老师。高校进行终身体育活动，首先要考虑的是学生的兴趣，即在教学中一定要着重培养学生对该体育活动的兴趣，尽量创造条件，开设一些适合学生身心特点，深受学生喜爱的运动项目，让学生在运动中增强体质的同时，充分进行情感体验，从而达到促进身心健康全面发展的目的。

二、使用合理的教学组织形式

对于经历了中、小学体育“三基”教育的现代大学生而言，以班为群体、整齐划一，但却机械、呆板、强化灌输式的体育教学组织形式，已经无法满足他们对体育知识、技术、技能的学习要求，也无法满足他们生理和心理素质发展的需求。因此，高校体育必须采取与终身体育指导思想相一致的组织形式。

（一）体育教学组织形式的基本介绍

体育教学组织形式，是为实现体育的课程与教学目标，围绕教学内容或学习经验，在一定的时空中通过一定的媒体，教师与学生之间相互作用的方式、结构与程序。

1. 体育教学组织形式的特征

体育教学由于具有较强的户外与实践性特征，在组织教学的形式上，与其他学科有共性的同时也具有自身的特性。总体来说，体育教学组织形式具有多维性和多样性，而班级教学制仍是体育教学的基本组织形式。

2. 体育教学组织形式的关系

这是指正确处理教与学的关系。在教与学的关系上，把教学的主体从教师转向学生，强调学生是教学的主体、学习的主人，实行教师主导与学生主体相结合。体育教学是教与学的交往、互动，师生双方相互交流、相互沟通、相互启发、相互补充。在这个过程中，教师与学生分享彼此的思考、经验、知识与技能，交流彼此的情感、体验与观念，丰富教学内容，求得新的发展，实现教学相长和共同发展。

3. 体育教学组织形式的结构

“学生之间的合作交往”是培养学生情感的重要途径。在教学的观念结构上，教学活动是认知、情感、行为这三种心理活动的有机统一，体育教学组织则是融认知、情感与身体发展为一体的三维立体结构。

4. 体育教学组织方法的互补

个别指导、班级教学、分组教学中，学生间没有明显的互动，是以教师为主导的传统式教学形式。在合作学习分组教学中，学生除了直接与教师发生联系外，学生之间还存在着密切的互动，因而在注意以教师为主导的同时，还应强调学生为教学的主体。分层次教学是针对学生素质在发展过程中存在的个体差异，充分体现区别对待的教学原则，这种教学原则从分层次确定教学目标着眼，从实行分层组织形式着手，注意有层次地传授“三基”，因而针对性强，便于管理，有利于优化课堂教学及大面积提高教学质量。

（二）终身体育教学组织形式的特征

第一，符合高校终身体教学组织形式的原则。选择适合的终身体育教学组织形式，并不意味着脱离体育教学组织应遵循的原则，而是体育教学组织形式必须遵循固有的原则，即教学关系民主化原则、物质资源条件有效利用原则、课程的性质和内容制约性原则、尊重学生个体差异原则、整合性原则。

第二，符合大学生个性与身心发展特点。大学生适合接受体育教学，因为他们符合体育教学的个性与身心发展特点，同时也具备学习体育知识和技能的能力。现代体育教学正朝着个性化、多样化、综合化以及教与学相结合的趋势发展。这些趋势使得教学更加灵活多样，能够更好地满足学生的需求。

学习性小组和体育俱乐部等形式在提高学生参与度和积极性方面起到了积极的作用。学习性小组可以促进学生之间的合作和互动，让他们在共同学习和讨论中收获更多。体育俱乐部则为学生提供了更多参与体育活动的机会，培养他们的兴趣和专长。

第三，体现现代体育教学组织形式的发展趋势。随着体育教学的发展，教师在体育活动中的角色也发生了变化。他们不再是简单的知识传授者，而是学生体育活动的指导者和服务者。他们通过引导和激励学生，帮助他们发现自身潜能，能够培养自信心和团队合作精神。教师还可以提供个性化的指导和反馈，帮助学生不断提高自己的体育水平。

三、发挥体育教师的主体作用

在高等教育机构中推行终身体育项目时，体育教师扮演着至关重要的角色。他们的言行举止对体育实施过程中的每位学生都具有强烈的感染力，直接影响着学生对终身体育的认知和理解。因此，体育教师被视为学生终身体育观念的培养者、引导者和监督者。“为了更好地满足高校学生的体育锻炼需求，高校体育教师就应将终身体育理念和体育课堂教学的有效结合作为自身的教学目标，进而为学生终身体育观念的形成奠定坚实的根基，最终实现提高学生身心素质的目的。”①

（一）高校体育教师是终身体育的倡导者

在体育教育中，仅靠体育教师的努力是不够的，要发动全社会都来关心体育，但无论如何，体育教师的作用都是至关重要的。体育教师应改变角色，做一名宣传员，通过体育课、课外练、专题讲座、宣传栏、座谈会、竞赛活动以及新闻传媒等各种形式和方法，向学生传递终身体育思想，成为忠诚的终身体育倡导者。

（二）高校体育教师是终身体育的引导者

学校体育是连接家庭体育和社会体育的中间环节，对实施终身体育起着很重要的引导和桥梁作用。体育课从小学到大学，每周按 2 学时计算，可达 1000 学时，再加上课外活动，为学生的终身体育提供了有利的实践环境。但是，学生要真正实践终身体育，仅靠学校安排的体育时间是不够的，应将体育贯穿于自己的一生。因此，学校体育应为终身体育做启蒙教育，体育教师就是学生终身体育的启蒙人、引导者。体育教师要充分利用学生上体育课和身体锻炼的时机，加强对学生体育意识的培养，帮助学生树立终身体育的思想观念，使学生接受锻炼身体的科学方法，提高独立锻炼身体的能力，养成终身体育锻炼的兴趣与习惯。体育教师要改变过去那种只是单纯传授体育知识、技术和技能的教书匠形象，要在体育教学过程中充分挖掘学生的学习潜力，使学生从被动学习状态改变为积极思维、主

---

① 吴海艳．探析终身体育理念下的高校体育教学优化模式 [J]. 当代体育科技，2021，11（8）：99.

动实践状态。

（三）高校体育教师是终身体育的培养者

要实现高校体育与终身体育的融合，体育教师在教学中，除要求学生深刻地理解体育原理，更好地掌握体育锻炼所需的技术、技能之外，建立正确的体育意识对学生形成终身体育的兴趣、能力和习惯具有决定性意义。因此，终身体育的教育观念要求教师在学校体育教学中注重培养学生自觉自愿地进行体育活动的兴趣、能力和习惯。体育意识的重要作用就是可以促使学生在体育教学过程中，充分发挥自身的活动能力，形成自觉地进行身体锻炼的习惯，使学生意识到自己一生须按照个人意志，坚持不懈地参与体育活动，并将其变成一种有目的的自觉行为。因此，体育教师在具体的教学过程当中应该培养学生的终身体育意识，使即将走上社会的大学生一生受益。

（四）高校体育教师建立起新型的师生互动关系

教育的内在规律说明没有纪律约束、没有要求、没有目标就不能称之为学校体育，传统的师生关系当中的“师道尊严”“尊师重教”现在仍有十分积极的意义。同时，随着时代的发展，体育课中的师生关系也应该反映时代性特点。师生由于共同的体育目的而结成人际关系，这种关系一经建立，就会为共同目的而不断调节自己的行为。作为体育课具体实施者和组织管理者的体育教师，应时刻用教师的职业道德标准来约束和规范自己的言行，不断提高与学生之间的交流水平，引导和满足不同学生的学习要求，获得学生尊敬和爱戴；而学生应该自觉遵守课堂纪律，约束自己的行为，取得同学的支持和老师的关爱。在终身体育思想的指导下，教师与学生之间应该是平等、互信、亲密、互动、稳定和持久的关系。

四、培养学生的终身体育意识

意识是人特有的反映客观现实的高级形式，是人有目的的自觉反映。体育意识可使个体参与体育活动成为自觉的习惯，经不断发展最终形成终身体育意识。它可以使现在经常有规律的体育活动得到充分的延伸，直至贯穿人的一生。终身体育意识的培养对实现终身体育的目标具有巨大的意义。高校体育教学活动是培养大学生终身体育意识的前沿阵地，因此，如何在教学活动中培养学生的终身体育意识就显得尤为关键。

（一）学生形成终身体育意识的重要性

终身体育是指一个人终身进行体育锻炼和接受体育指导及教育。它包含两个方面的内容：一是指人从生命开始至结束，一生中不断学习与参与体育锻炼活动，使终身有明确的目的性，使体育真正成为一生中始终不可缺少的重要内容；二是在终身体育思想的指导下，以体育的体系化、整体化为目标，为人在不同时期、不同生活领域中提供参加体育活动机会的实践过程。另外，人体活动的基本规律也要求身体锻炼必须持之以恒，否则就不能产生持续的锻炼效果。终身体育目的就是要人们随时随地都采取有效的锻炼措施，来保证身体的健康发展。因此，只有当学生真正认清了终身体育的重要性，才能够产生学习体育知识技能的动力。

高校是培养建设社会主义事业所需要的德、智、体全面发展的人才的场所，所以学校体育对学生形成终身体育思想有着非常重要的作用，它可为终身体育的形成打下良好的基础。有计划、有目的的体育教育，不仅能够促进学生的正常生长发育、增强学生体质、使学生形成正确姿态、并掌握基本技能、促进学生身体全面发展，而且可养成锻炼身体的良好习惯，使学生终身受益，并能达到促进全民素质提高的目的。

（二）培养学生终身体育意识的主要途径

1. 培养激发学生体育学习的动机

学习动机的培养是指学生把社会和教育向他们提出的客观要求变成自己的内在学习需要。而学习动机的激发就是把已经形成的潜在的学习需要充分调动起来，使其变成在学习中长期作用的有效动力。

在体育教学中，教师首先要给学生确立一个正确的学习目的，启发学生明确认识身体好对学习好、工作好的重要意义，帮助学生形成长远的、持久的学习动机，以指引学生的学习方向，激励他们努力学习，提高他们的学习积极性。其次要启发学生的求知欲望，因为求知欲是推动学生自己去探索知识并带有情感体验色彩的一种内心渴望。它能使学生在学习过程中产生愉快的情感、积极的态度，从而产生学习兴趣，激发进一步探求知识的欲望。

2. 重视理论课程，合理选择教材

在体育教学中，教材的选择应注重科学性和思想性相结合、理论与实践相结合，合理确定教材的广度和深度，保持统一性和灵活性，使所选教材有利于丰富学生的体育理论知识、提高学生的运动技能，有利于形成体育锻炼的习惯。同时，学生体育实践的时效性与长期性需要有较丰富的体育科学知识作为指导，运用理论知识去指导实践的能力非常重要，因此理论与实践相结合一直是体育教学的重点。目前，高校体育教学普遍不重视理论教学且教师理论水平普遍较低。在这一背景下，加大理论比重势在必行。只有系统地有计划地向学生传授体育知识，扩大学生体育知识面，提高学生体育素养，才有利于终身体育观念的形成。因此，高校必须改变过去理论教材比重小，内容粗，缺乏实效性、针对性和长远性的现象，使理论教材的选择体现科学性，并力求突出实效性、针对性、指导性和时代性等特征，注重未来、预见终身。

3. 创新教学方法，培养自学能力

传统的教学方法强调教师教的主导作用，忽视了学生本身的主体作用。教师要发展学生的个性，形成终身体育的思想，首先必须了解、认识和尊重学生的心理特点。当代大学生有独特的见解和兴趣爱好，他们注意培养自己的多种能力，渴望最大限度地发挥自己的潜力。所以在体育教学过程中，教师应打破传统教学方法和思维方法的束缚，放手让他们获得自主、自制、自控、自练、自评能力的实践机会，以促进其身心健康和个性品质的发展。

4. 创新教学形式，丰富教学手段

大学生的思维比较活跃，他们在大学期间不想只学到一些单一的体育技术，而是想要学到一些有关科学锻炼身体的方法、手段。这就要求体育教师的教学方法、手段既要符合体育教学的原则，又要结合大学生的生理、心理特点，为学生安排灵活多样的内容，引导他们逐步养成坚持体育锻炼的良好习惯。在具体的教学活动中，体育教师可以结合实际多采取游戏与比赛的形式，增强体育教学的趣味性与对抗性。

五、培养和发展学生运动技能

“运动技能水平和体育教育教学能力是衡量体育教育专业人才培养质量的重要指标，而高校体育教育专业人才培养过程中普遍存在运动技能学习和体育教学理论学习彼此分离的现象，运动技能课程侧重于提高学生的专项技能，体育教学理论课程往往与实践联系不够，无法达到提高学生体育教育教学能力的效果。”[①] 终身体育的目的能否真正得到落实，除了具有良好的终身体育意识以外，更重要的是具备从事终身体育的技能。作为终身体育的客体的体育运动技能，在终身体育过程中起着决定性作用。

（一）运动技能的概念界定

运动技能实际上包含两个关键成分。首先，它包括描述如何进行运动的规则。这些规则可以是明确的指导或隐含的知识，用于指导在运动中如何调整身体姿势、控制肌肉群以及协调运动节奏。这些规则可以是从教练、经验或观察他人的运动中获得的。其次，运动技能的发展是通过练习和反馈逐渐精确和连贯的实际肌肉运动。通过不断的练习和实践，大脑和肌肉逐渐建立起对特定动作的记忆和协调。反馈在这个过程中起着重要的作用，它可以来自内部，比如自己对动作的感知和感觉；也可以来自外部，比如教练或其他人的评估和指导。

（二）终身体育与运动技能的关系

终身体育是不可分割地与体育密切相关的概念。作为一项体育活动，终身体育的关键在于如何吸引并保持人们对体育活动的积极参与。而要实现这一目标，运动技能是体育活动中不可或缺的要素。如果体育活动失去了运动技能，将会变得单调乏味，与人体的运动特征和生物力学原理背道而驰。

当体育活动不再注重运动技能，它将失去其科学性和趣味性。这将导致人们难以持续坚持参与体育活动，更不用谈论终身体育了。毫无疑问，终身体育离不开运动技能的支持。正是因为终身体育的存在，运动

① 张万秋．基于教学能力提升的体育教育专业运动技能课程教学改革探究 [J]. 当代体育科技，2022.12（23）：139.

技能才得到了不断的丰富和发展，同时也引起了更多人对其价值的重视。

运动技能不仅仅是体育活动的基本要求，也是个人在终身体育中不断进步和成长的关键。通过对运动技能的学习和掌握，人们能够更加深入地理解自己的身体特点和潜力，从而在体育活动中发挥出更大的能力。同时，掌握运动技能也为人们提供了更多参与各种体育项目的机会，丰富了终身体育的形式和内容。

（三）培养运动技能的方法

高等教育体育扮演着学府体育之最终阶梯的角色，同时亦为学生在其学生生涯中学习、提升和完善运动技能的终极机会。学生运动技能在此阶段的形成和提升，对学生日后具备终身体育能力有着一定程度的决策性意义。如何切实培养和发展学生的运动技能，以提升其终身体育能力，其意义重大。

1. 传授科学的体育理论知识

体育教师向学生传授科学的体育理论知识，使他们能够运用这些知识，根据自身实际和周围环境的情况，科学设计适合自身的锻炼方案，并指导他人进行锻炼，而且还能根据锻炼者的生理、生化、形态等一些特征评价其锻炼效果；同时，在锻炼中通过自身的运动经历，不断加深对运动技术和科学的体育理论的理解，提高体育能力。

体育锻炼能增强锻炼者的体质，促进其身心健康，但是并非任何条件下的体育锻炼都能有这样的作用，违背人体生理活动规律的体育活动会对人体造成伤害。科学的体育锻炼应根据不同对象、季节、气候、环境条件等因素而做不同的安排，它涉及众多相关的学科。因此体育教学不能只进行技术而脱离相关理论的教学，有关教育部门应切实落实好体育课理论教学，把理论课的教学纳入正规的轨道中，达到一个高度重视的意识水平。体育的基础知识、基本技术和基本技能，不仅是科学锻炼身体的方法和手段，也是广大学生具有的文化修养。

2. 培养学生主动锻炼的能力

体育教学与其他教学的明显不同在于，体育教学不仅能让学生获得科学文化知识，得以发展智力，还能提高身体素质，增强运动能力。在具体的体育教学活动中发展学生的运动能力，不仅要增强学生体质，还要使其掌握动作技术，知道动作如何做，也要弄懂如何通过反复练习提高动作质量。

因此，体育教师在教学中既要通过身体练习这一手段来增强学生体质，更重要的是使学生掌握体育的基本技术和基本技能，提高动作质量，从而积极、自觉地将知识技能转化为行动。

3. 适时对学生进行科学指导

众所周知，体育课在大学期间所有课程中所占的比例是相当有限的。在大多数学校体育课被安排为一周一节课，故只靠体育课程当中对学生进行体育技能的教学，使绝大多数学生掌握一定运动技能显然是不切合实际的。课外体育活动是对其有力的补充，不仅能克服教学活动时间短和次数少的缺点，还能促进学生对教学内容的理解吸收，使其进一步掌握运动技术。

体育教师在体育课外活动当中扮演着十分重要的角色。教师在学生独立进行体育活动的同时，能在学生对一些关键的技术动作感到困惑时给予正确的指导，从而避免学生形成错误的动作。同时，教师通过对学生课外体育活动教材的掌握情况，来调整自己的教学方法与教学进度，从而有效完成教与学的信息反馈，使体育教学能照顾到更多的学生，使他们能学有所获。教师参与具体的体育活动，直接向学生传授体育运动知识与相关理论，有助于学生形成科学的锻炼方法与自我运动评价，从而为今后走向社会进行终身体育锻炼打下坚实的基础。此外，教师参与课外体育活动，还能避免一些不必要的意外伤害事故的发生，同时对一些简单的运动损伤给予及时科学的处理，从而使学生减少不必要的痛苦，更快地康复。不仅如此，在此过程中，体育教师在自然状态下向学生演示了如何紧急处理运动创伤，学生从中获得了直观的知识，能够终身受益。

六、完善体育教学的考核评价

学生终身体育意识的形成离不开体育教学和体育活动中的成功体验。这种成功体验不仅反映在体育技术、技能的提高方面，还反映在通过体育教学和体育锻炼，学生体育知识的掌握、身体健康状态和身体素质的提高、克服困难获得进步、意志品质的增强、人们相互交往的快乐，以及体育活动本身给学生带来的良好情感体验等方面。体育评价和考核，不应当成为学生在体育学习过程中的负担，而应当激发学生更加努力克服困难，不断提高的动力之一。

因此，教师在进行教学评价和考核时，不仅要考虑学生现有的体育技能，还应考虑学生的努力程度，并对学生在课堂教学中所表现出来的参与程度、协同能力等进行综合评价，使教学评价真正发挥推动每一个学生积极学习的作用。

（一）完善健全学习评价的内容

评定考核的根本目的在于促进学生全面发展，关注学生综合素质的提高。因而学生体育成绩评定内容的确定不仅要关注体育基础知识、基本技能的掌握以及体能的发展，还要关注学生在学习过程中的学习态度、积极情感体验、与人合作技能的发展，同时关注个体，尊重个体差异，给予个体一个展现自我的机会，帮助其表现自己，拥有自信。

体能：与不同学习水平相关的体能项目。

知识与技能：对体育与健康的认识，科学锻炼的方法，体育技战术知识与运用能力，有关健康知识的掌握与运用。

学习态度：学生对待学习与练习的态度，以及在学习和锻炼活动中的行为表现。

情感表现与合作精神：学生在体育学习中的情绪、自信心和意志表现，对他人的理解与尊重，交往与合作精神。

（二）强调教学评价的全面功能

教学评价的功能是多元化的，但从根本上说有两大功能：教育功能和管理功能。教育功能是指通过教学评价，激发学生学习的积极性，提高教学质量，促进学生个体的全面发展；管理功能是指通过评价鉴定教学质量、区别优劣、选拔淘汰。传统意义上的教学评价强调管理功能，评价的目的主要用于鉴定、区分、划分等级。现代教学评价越来越重视评价的教育功能，强化评价的诊断、反馈、改进和激励功能，其目的是创造适合学生发展的教学评价体系。评价的管理功能今天依然是不可缺少的，评价的教育功能是根本，评价的管理功能只有建立在教育功能的基础上才能发挥其积极作用。重视学生的进步幅度，改变过去只重视技术考评的传统方法。这种改革有利于调动学生学习的积极性，特别是对技术水平一般，但学习又很刻苦的学生是一种激励；弱化了评价的鉴别、筛选和选拔功能，使每一个学生在原有的基础上都能得到发展；把教学内容和完成教学内容的要求合并在一起，对教学内容只提出最低的技术要求，鼓励学生根据自身情况适当提高成绩。

（三）强调相关的态度、行为等

新课标除了对学生的体能、知识与技能进行考核评价外，还将学生平时的学习与练习态度，以及在学习和锻炼活动中的行为表现纳入考核评价之中，这就使得一些本身身体素质较差，且学习态度不端正的学生认识到：先天的条件不是最重要的，重要的是后天的努力，从而端正学习态度。因此，教师要教育学生在体育活动中培养和展示自信自尊。体育活动有多种形式，学生要看到自己的长处与优点，在群体活动中努力展现自己，有信心让同伴接纳自己；遇到有难度的活动项目，受到挫折时，最怕的不是别人说自己不行，而是自己说自己不行；体育锻炼中，一定要相信自己，可以用“我可以”“我行”“成功一定属于我”这样的话来激励自己。

（四）强调对理论知识的理解运用

如今，体育已成为现代人文化生活中不可缺少的内容，健康则是人们追求的目标和权利，也是人生最为宝贵的财富和为人民服务的前提；而掌握体育和健康知识是每个人更好地维护健康和科学健身、增进健康的需要，也是每个人必须具备的文化素养。以往体育对学生的考核只看运动技能成绩，而忽视对体育与健康知识的考核，对不重视体育、忽视体育和健康知识的潜在隐患缺乏深刻的领会，学生学了十几年的体育仍然不会看体育比赛的现象较严重。那么“新课标”更强调的是理解、运用和实际操作，注重的是学生能力和体育文化素养的培养。

（五）强调运动技术和运动参与

体育锻炼具有强健身心，促进人的社会化等多种功能，能全面增进人的健康，使人充满生命活力。体育教师要引导学生充分利用现有的运动条件，创设一些实用的体育锻炼方法，意在通过这类活动培养学生进行体育学习和锻炼的创造意识及能力。

（六）强调重视学习过程和进步

以往学校体育教学对学生的学习评价基本上是采用统一的标准进行"终结评价"。采用这种方法教师和学生都可以得到一个总的信息反馈，为下阶段教学的起点和目标提供科学依据。但学生的个体差异、努力程度和教师关心学生及知识传授等内容方面的情况无法得到体现。过程评价就是在教学过程中，一个单元结束和一个系列教学活动结束均要进行综合评价（包括知识掌握、课堂表现、技术掌握、运动成绩等），只有将终结评价与过程评价结合起来，才能做到客观公正地评价学生，最大限度地激发学生学习的积极性，从而提高教学质量。

（七）强调结合多元化评价方式

学生是教学目标的实践者，只有通过学生的亲身体验才能做出正确的评价。特别是那些无法用定量表现的内容，包括情感、意志、态度、兴趣等，都是外在不易显露的心理倾向，只有让学生进行自我评价才能获得真实的材料。高校可以成立评价小组，对每名学生的成绩，与学生的自我评价及体育教师的评价结合起来，做出最终的评价，使评价工作更加民主客观、公正、合理，更有利于学生树立良好的学风。

高校体育作为学校体育的重要组成部分与最后一站，是学生由学校体育向社会体育过渡的关键环节，对学生终身体育观念与能力的形成具有深远的影响。高等教育时期，是广大学生生长发育、个性形成的重要时期，同时也是终身体育意识与能力形成的关键时期。高校体育应该抓住这个有利时机，顺应体育历史发展的潮流，立足现实，面向社会，面向未来，积极开展终身体育。在增强学生体质的同时，培养学生的体育意识、兴趣、习惯和能力。高校阶段的体育是否能与终身体育有机融合，将直接决定着大学生今后走出学校，持续有效的终身体育锻炼的能力和终身体育习惯的养成。相信高校体育与终身体育思想的融合会使越来越多的高校大学生终身受益，同时在广大高校体育工作者的共同不懈努力下，高校体育会为"全民健身运动"和增强未来国家栋梁的体质做出更杰出的贡献。

第六章　高校大学生终身体育理念的培育措施

第一节　基于双因素理论，开展大学生终身体育意识激励

随着人们的健康意识越来越强烈，终身体育的观念引起了高校体育管理者和学生的广泛关注。终身体育意识的形成离不开高校体育教学的开展，也离不开大学生个人体育锻炼的努力付出和习惯养成。“双因素理论本是人力资源管理方面的理念，注重的是满足员工的需求，从而提升其工作满意度。这一原理在教育领域同样适用。目前我国高中生体育习惯的培养面临着保障因素和激励因素双重缺乏的问题。”[①] 找出影响大学生体育锻炼的激励因素和保健因素，对二者进行有效促进和干预，是使大学生形成终身体育意识的关键举措。

① 李铮．双因素理论视角下高中生体育习惯的培养策略[J]. 求知导刊，2014（8）：13.

一、双因素理论的基本介绍

（一）双因素理论的发展脉络

双因素理论由赫兹伯格提出，是一套有效的激励机制，主要包括激励因素和保健因素。这一理论是基于马斯洛需求理论的进化，层次更高，通过对人的激励需求进行深入研究和分类。西方专家和学者对双因素理论进行了广泛的理论和实践研究，并将其应用于各个领域和对象。这一理论为组织管理、教育、心理学等领域提供了重要的参考和指导。激励理论包括两个重要的分支：内容型激励理论和过程型激励理论。内容型激励理论主要研究人的内在需求和动机，包括马斯洛的需求层次理论、ERG 理论、成就需要理论和双因素理论等。过程型激励理论则关注人在工作和学习过程中的公平感和期望值。这些理论的共同目标是研究人的变化和激励机制，其中最重要的因素是人的“需求”。人作为高级生物，追求自身的利益和感觉，同时也是一个需要和被需要的有机载体。通过满足个体的需求，激励理论可以促进个体的成长和发展，提高其在工作、学习和生活中的积极性和效能。

（二）双因素理论在体育中的应用

双因素理论是一种典型的激励理论，它在国外的研究中对体育管理具有重要的研究意义和实践价值。赫兹伯格对双因素理论中的两个关键概念——“激励因素”和“保健因素”进行了深入分析，为终身体育学习提供了重要的理论支持。在学校体育和高校体育中，体育教师需要注重挖掘学生的内在需求，培养他们的兴趣和爱好，激发他们参与体育活动的热情和主动性。只有通过满足学生的内在需求，才能真正激发他们参与体育活动的热情，并促使他们在体育中获得更好的体验和成长。

与此同时，为了提高体育教师的积极性，高校除了需要给予他们物质利益和改善工作条件外，还需要重视他们的工作安排，并充分肯定他们在高校体育教育中的关键作用。通过合理的工作安排，让体育教师能够有机会发挥自己的专业能力和创造力，同时也给予他们应有的肯定和奖励，从而提高他们的工作积极性和满意度。

为了构建和谐的校园环境，并为终身体育教育奠定良好的基础，高校应该坚持以人为本的原则。这就意味着高校需要给予体育教师足够的自主权和支持，让他们主动承担起教学任务，并在教学管理中发挥积极作用。通过相互配合和合理的资源配置，能够构建一个鼓励创新和发展的校园环境，使得终身体育教育能够顺利进行。

二、大学生终身体育意识激励的影响因素

（一）学校教育因素

高校体育教学是学校体育的最后一个阶段，作为帮助学生进行终身体育的最后一道关卡，其重要性不可忽视。然而，目前存在一些不合理的现象，需要加以改进。首先，高校在体育课的安排上存在问题，有些学生不能选到自己喜欢的体育课程，或者无法完成足够的课时，甚至对体育课程缺乏兴趣。这种现象导致学生对体育课程的兴趣不高，进而降低了他们终身体育的意识。另外，男女学生体育课程的兴趣存在明显的差异。

因此，高校体育课程的改革势在必行。改革的关键在于针对学生的个性化需求进行开展，以提高他们的参与度和体育兴趣。首先，高校可以提供更多样化的体育课程，以满足学生的不同喜好和需求。例如，开设篮球、足球、羽毛球、游泳等多种课程，鼓励学生选择自己感兴趣的项目进行学习和锻炼。

其次，高校应该注重提高体育课程的趣味性和互动性，使学生在参与体育活动中能够享受到乐趣。高校可以通过引入多样化的教学方法和教学资源，如游戏化教学、运动科技应用等，激发学生的学习兴趣和积极性。此外，高校还可以组织一些体育比赛、运动会、校内外运动活动等，为学生提供展示和交流的机会，增强他们对体育的参与感和荣誉感。

（二）场地设备因素

大学生进行体育活动主要在学校体育场馆进行。然而这方面也存在一些问题，例如某些场馆不对学生开放或需要收费，这导致学生在选择体育活动时受到限制。为了促进大学生的体育锻炼，加强运动场馆的开发利用和设施的维修保养是必要的条件。

高校应该采取多元化的管理方式来管理这些场馆。一种方式是利用学生兼职或信息化管理系统，这样可以节约成本和时间，同时可以为学

生提供更好的体育环境。高校可以鼓励有兴趣的学生担任场馆管理员负责场馆的日常管理和维护，确保场馆的设施得到及时修复和维护，以满足学生的需求。

（三）考试制度因素

高校体育课程对学生来说也非常重要，因为体育成绩对毕业和学位证书的取得都有影响。然而，目前我国高校体育考核制度存在一些不足之处。首先，考核周期过长，导致学生在体育训练方面的进步不能及时反映在成绩上。其次，训练次数有限，这降低了学生在体育活动中的参与度。此外，当前的考核制度缺乏对个体差异的考虑，没有充分考虑到每个学生的实际能力和潜力。

为了改善这些问题，高校体育应该提高学生体育分数在整体分数中的比例，鼓励学生积极参与体育运动。通过将体育成绩纳入学生的整体评价体系中，高校可以激励学生更加积极地投入到体育活动中，培养他们的终身体育意识，并促进他们的健康发展。同时，高校制定的考核制度应该更加灵活，允许学生根据自身实际情况选择适合自己的体育项目，并且将个体差异考虑在内，给予每个学生更公平的评价。

（四）人身安全因素

运动健康知识对体育锻炼的安全性至关重要。了解正确的运动技巧、适当的锻炼强度和频率，以及预防运动相关伤害的方法，是确保体育锻炼安全的基础。缺乏这些知识可能会导致不正确的运动姿势和错误的锻炼方式，从而增加受伤的风险。

高校应该通过讲座、研讨会和健康教育课程等形式，向学生传授关于安全运动的知识和技能。这样做可以帮助学生了解运动的正确方法，学会预防和应对可能出现的问题，从而提高体育锻炼的安全性。

学生缺乏安全运动的知识会影响体育锻炼的安全性，将无法有效地保护自己的身体免受运动伤害。这不仅可能导致身体的不适和损伤，还可能削弱他们对体育锻炼的兴趣和动力，降低他们终身参与体育运动的意愿。

高校应定期检查运动场所和设施，确保学生的体育生活安全。定期检查和维护运动场所和设施，包括体育馆、运动场和健身房等，是确保学生在进行体育锻炼时身体安全的重要措施。另外，设备的维修和更换、场地的清洁和整理以及安全标识的设置，都能为学生提供一个安全的运动环境。

高校应更加关注体育与健康管理，促进大学生进行终身体育锻炼。大学阶段是培养学生终身体育意识和习惯的关键时期。高校应该加强对学生的体育与健康管理，为学生提供多样化的运动选择，组织体育活动和赛事，并鼓励学生积极参与。这有助于培养学生的健康生活方式，能够使他们终身受益于体育锻炼。

（五）团体活动因素

高校是大学生步入社会的转折点，沟通与交流对学生的学习、生活和体育锻炼都至关重要。团体活动为学生提供了与同伴互动和交流的平台，促进了彼此之间的沟通和合作。这不仅有助于建立学生之间友谊和社交网络，还能为学生提供分享经验和知识的机会，从而促进他们的综合发展。

团体活动对大多数学生的体育锻炼产生影响和促进作用。通过参与团体运动和竞技活动，学生可以获得更多的锻炼机会和挑战，提高自己的身体素质和运动能力。团体活动还可以激发学生的竞争意识和团队精神，提高他们参与体育锻炼的积极性。

团体活动可以加强学生的社交互动，为学生提供合作与竞争的机会，丰富学生在体育锻炼中的体验。团体活动通常涉及团队合作、集体训练和比赛等形式，这有助于学生与他人合作解决问题、协调行动，并在竞争中有更好的表现。

团体活动有助于培养学生的团队精神、领导能力和社交技巧，对大学生综合素质的发展有积极影响。通过参与团队运动和活动，学生可以学会团结合作、倾听他人意见和领导团队。这些经历可以培养他们的团队精神和领导能力，提高他们的沟通和人际交往技巧，为他们将来的职业和社会生活打下坚实基础。

（六）精神传播因素

体育精神是体育的核心，反映了公平、公正、公开、凝聚力、感染力和号召力，代表了体育所承载的理想和信念，体现了体育的节操以及对体育知识、体育道德和体育审美水平的追求。体育精神是一种强大的力量，它具有凝聚人心、感染他人的能力，并具备引领社会风气和推动社会进步的作用。

大学生应具备良好的体育精神，他们是体育传承与发展的重要力量。通过传承终身体育，大学生能够提升自身素质，并为社会的进步和发展做出贡献。体育精神的培养使大学生具备了团结合作的品质，增强了他们的集体凝聚力和责任感，激发了他们的潜能。

（七）个人发展因素

体育作为一项广泛的社会活动，包括体育锻炼、体育社交和体育传播，对大学生的个人发展具有积极的影响。通过参与体育锻炼，大学生可以获得娱乐身心和增进健康的益处，同时还可以在乐观积极的情感中培养团结协作的能力。

体育锻炼不仅有助于促进个人身体健康，更有助于促进个人发展和实现个人目标。大学生参与体育运动可以增强自信心，获得成就感，并结交良师益友。体育运动中的成就感具有直观且及时的反馈，它能给予大学生精神上的鼓舞，进而培养他们对终身体育的意识，使他们将体育融入自己的生活方式和价值观念中。

三、开展大学生终身体育意识激励的途径

双因素理论是典型的激励理论，是基于马斯洛需求理论改进的管理理论，保健因素的上层理论是马斯洛需求理论中的社交、安全和生理需求，而激励因素的上层理论是自我实现和尊重。保健因素是在日常体育锻炼中那些会导致大学生不能正常参与体育锻炼和对参与体育锻炼持有“不满意”态度的因素，对这类因素进行控制和改善，会使大学生的“不满意”态度转变为正常的态度，即为“没有满意”也没有“不满意”。激励因素是指在日常的体育锻炼中，能够激发体育参与者更好地、更有效地参与到体育运动中，使他们完成更高的体育目标，完成更难的体育任务。

（一）调整体育教学，提升学习效果

学校体育的更新和发展一直是极其困难的，需要不断开展科研活动，需要不断讨论其中各项指标的正确性。教学永远离不开教研，也永远不可以脱离教研。实践可以检验理论的正确与否，理论也需要论证实践的合理

与否。改变教育的现状不是一味追求新的概念和新的意义，摒弃传统的思想，而是将学校体育教学的长远发展放在同等位置。高校应该把时间和精力多放在学生自身的提高上，关注他们对知识的掌握程度，对技能的操作是否熟练，这样学生才有更加充沛的精力完成繁重的学习任务。当学生离开校园步入社会后，能够进行科学独立的体育锻炼，并从中获取终身利益，这就体现出学校体育教育长远发展的价值。学校体育长远发展的最终目的是终身体育。普通高校往往会将近期发展与远期发展紧密结合起来，放大教学目标，重视目标的可行性。因此，高校要为学生谋划一个好的体育习惯养成计划，让他们在忙碌的工作后，还有余力进行体育锻炼。因此，既要保证学生的基本体育锻炼，又要树立学生终身体育的兴趣和意识。学生不能为了完成锻炼任务而进行锻炼，应该在锻炼的基础上认识到锻炼的重要性和意义。不断完善和提高学生的独立意识、加强对学生个性的培养，将体育锻炼融入学生的学习生活中。

体育课程的设置尤为重要，首先要根据广大学生的需要开设相应有趣味性、难度较小、不受客观条件限制的课程，这样即使学生走向社会后也可以继续进行；其次课程的设置要具有连续性，将终身体育意识深深植入学生心中，使学生养成即使没有课程安排也会有意识进行体育锻炼的习惯；最后课程的设置应理论联系实际，使学生在学会基本动作要领的同时了解其中的技巧及要义。

教科书的选择和分析是教科书使用者分析和评价教科书适用性的过程。对于教材的选择，高校应注重广度与深度的平衡、适应学生的经验和学习能力、适应学生的兴趣和需求；既要注重知识性，又要注重趣味性，考虑是否能通过参考课本来吸引学生自觉阅读和自主学习。高校要重视教学媒介的重要性，培养学生终身体育的意识及个性化情感，为学生选择他们感兴趣、有实际作用、符合学生成长需求、能够实现终身体育锻炼的教学教材。

在教学内容上，普通高校课程内容不但要满足在校学生的体育成长需求，而且要适用于高素质人才步入社会后的生活、工作需要。教学内容是教学互动过程中有意传达的主要信息，是教育教学的直接表达。教师在教授学生理论知识的同时，还要培养学生学习体育和体育锻炼的兴趣和意识，把终身体育意识融入生活中。学生对一项或多项体育运动长久地进行下去，其过程包括了娱乐性、运动性、实用性和终身性，让体育运动成为生活中不可缺失的一部分。

（二）以教师为主导，以学生为主体

高校体育教师是高校体育课程教学目标、教学任务的主要实施者，也是这个时代发展终身体育的顶梁柱和垫脚石。体育教师应该是学习氛围和环境创造的第一人选，体育的教学形式多数以示范法为主，教师在教学中要注重言传身教。体育教师的个别鲁莽行为，可能会让学生丧失对运动的乐趣和运动的感觉。加强教师队伍建设的重中之重就是提升体育教师的思维水平和业务素质，定时组织他们进行教研活动和思想政治课、学习社会主义核心价值观的指导思想和精髓。体育研究和教学改革离不开高校体育教师的辛苦工作，体育教师只要用心在教学中把每堂课上好、把每次活动安排得当，都能做好教学工作。教师在高校宣扬终身体育精神是必要的，也是重要的决策，让新一代的中国大学生接受最好的体育教育、体育最新理念、身体保护意识、优秀技术动作等，从而提高我国国民的身体素质。

（三）增加激励机制，完善评价体系

奖学金是大学里面的一个具有评价性质的产物，也是目前可以用来激励大学生和构建激励机制的一项必不可少的因素。如果把奖学金作为体育成绩的一项标杆，把体育成绩放入奖学金的评比当中，那么对于有效的激励因素的传播是高效的。虽然现在很传统的体育项目渐渐淡出我们的视野，但是这些运动也恰恰是锻炼好的身体素质和磨炼意志力的良药。当然，对一个新的事物的发展，我们必须尊重它的内在规律和客观事实。我们要做的就是去建立一个完整的、公正的、有效的平台，利用激励因素让大学生拥有一个好的心态、好的品质，让他们在纯洁的环境中成长，让这些评定的制度能有效地、公平地、公正地在大学生锻炼素质评价体系中进行展开。作为高等学校，评价和监测的任务不可忽视，完善评价体系是制度创建的第一步。高校要对专业性较强的数据进行仔细审阅和处理，所有的环节不容小觑。这样一来，完整的测试方案配备专业化的评定人员，在进行激励的过程中就会更加顺畅。

（四）传播体育文化，弘扬体育精神

文化是社会传播和发展的重要载体和媒介，体育文化也是如此。其两个重要的分支是精神文化和物质文化，校园体育文化的传播离不开学校和教师的努力以及学生的配合。良好的校园体育文化的传播，会给丰富的校园生活增光添彩，让枯燥乏味的学习生活远离学生。校园的物质文化应是标志性的场地、代表性的场馆和丰富的活动场所。精神文化的范围较广，包含校园体育赛事、学生对体育的态度、教师对体育精神的传承等。首先，开展一系列阳光体育活动是重要的前提，只有拥有了载体才能更好地在其中大做文章，把精神与信息传播出去。其次，建立校园体育文化小组，对实时的体育新闻进行播报，让每个人都关注体育、重视体育，让体育成为大家生活中的一部分。高校可以通过播放国家乃至国际的体育新闻，调动学生对体育的兴趣，激发他们对运动的渴望，刺激他们对体育的“冲动”。这样一来，他们不仅仅在校期间对体育秉持着一种热情洋溢的态度，而且对终身体育概念的理解更加深入，真的让体育锻炼走进生活，让体育精神贯穿始终。另外，随着国家体育总局和国务院对全民健身的重视，高校应该站好第一班岗，主动把体育精神引入高校，鼓舞学生无论在学习还是生活中，都要秉持一种“更高、更快、更强”的拼搏精神，这也是传播体育文化最有效的路径。

（五）完善管理制度，实现自我展示

校园体育活动的顺利开展，要依赖于管理是否完善、策划是否全面、安全是否有保障、活动是否有意义。大学生进行体育锻炼主要有自发性和有组织性两种，前者就是通过个人或小团队去组织一系列的比赛和体育活动，后者可分学校、学院、年级和班级等层次。在这些比赛活动中，最能激励大学生的是社交的重要性，大学生把展现自我作为激励自己的主要因素。比赛项目的种类要根据所在学校的实际情况而选择，做到物尽其用、人尽其才。选取一些符合大多数群体的项目，这样开展起来就会拥有很强的适用性和实用性。这些比赛大都是一些素质拓展类和小型游戏项目，因此在公平性上具有很强的控制性，人人都会有获胜的可能，这就调动了他们的积极性。很多比赛项目是由学生社团、学生会、团委承办的，这些校级或学院级的部门大都是由学生组成，在比赛的准备过程中，作为刚刚步入大学校园的他们或许会有一些措手不及，那么在这些比赛或者小型游戏项目中，非常需要教师的监管与支持，以确保这些比赛的顺利进行。同时，也需要教师的指导性建议，让同学们在游戏或者比赛的过程中具有很强烈的游戏体验感。这样一来，会提高学生对比赛的关注度，也会增强他们的自信心，更能使他们对体育锻炼产生浓厚的兴趣。教师与学生形成双向互动，更能让激励因素得以有效发挥，让

保健因素向激励因素进行有效的转化，使校园体育更加制度化、常态化，促进大学生形成终身体育的观念，让他们走出宿舍、走出网络、走向操场。

第二节 基于计划行为理论，培养大学生终身体育的习惯

终身体育的习惯实质上就是一种行为习惯。要改变体育锻炼意识，就要改变行为习惯。要想保持长期的体育锻炼习惯，必须形成体育行为的习惯。因此，行为学中的行为改变理论对大学生终身体育习惯的培养起着至关重要的作用。计划行为理论是行为改变理论中的一个分支，它是通过理性行为理论模式发展而来，并在此基础之上形成的一个理论框架，目前已经被广泛应用在各个领域中。

一、计划行为理论的基本介绍

（一）计划行为理论的主要内涵

计划行为理论是一种从信息加工的角度解释个体行为决策过程的理论。它强调了行为意图作为行为表现的必需过程，反映了个体从事某特定行为的动机力量和思想倾向表示人们在计划实施某特定行为中愿意付出的努力过程。根据该理论，人们的行为表现是在自己意志控制下的，是合乎理性的。

行为意图被认为是行为发生的直接决定因素。当个体具有强烈的意图去执行某个行为时，其更有可能真正采取行动。这意味着个体的意图对于行为的发生起着关键作用。

此外，计划行为理论引入了一个增加的变量，即知觉行为控制感。这一概念指的是个体对完成某行为困难或容易程度的信念。个体的知觉行为控制感受过去经验和预期的影响障碍。如果个体相信自己能够轻松地实施某个行为，其就更有可能真正采取行动。行为意图受到态度、主观规范和

行为控制感这三个主要自变量因素的影响。

第一，态度。态度是个体对特定行为的喜爱程度进行评估的心理概念，它在决定个体是否能够长期坚持该行为方面起着重要作用。当一个人对某项行为持积极态度时，他更有可能成为该行为的持续执行者。

第二，主观规范。主观规范是指社会压力对个体行为决策产生的影响。重要的他人或团体对个体行为的态度和期望，会对个体的行为产生一定的影响力。当个体感知到他人对某行为的认可和期待时，他会更倾向于依从社会规范并采取相应的行为。

第三，行为控制感。它反映了促进或阻碍个体行为的因素。个体根据自身的经验和预期障碍来评估自己能否有效地控制执行行为的能力。如果个体认为自己能够轻松地掌控和克服执行行为的障碍，他就更有可能采取行动。然而，知觉行为控制感并不仅仅是一种被动的感知，它需要个体积极地进行行为控制。个体可以通过积极的行动来改变环境、克服困难和提高自己的技能水平，以增强对执行行为的控制感。只有时刻保持积极的态度，个体才能更好地掌握和坚持自己想要执行的行为。

（二）计划行为理论的发展趋势

计划行为理论是一种被广泛应用的心理学理论，它解释和预测了人们在不同情境下的行为。然而，随着时间的推移，这一理论的发展正面临着一些新的挑战和机遇。

首先，计划行为理论的应用范围将逐渐扩大到其他行业。目前，该理论主要被应用于社会科学领域中，如心理学、社会学和市场营销等。然而，随着研究者对该理论的进一步理解，人们开始意识到其具有解释力和预测力的优势，可以分析和预测各种社会行为。因此，计划行为理论有望在更广泛的领域得到应用，如公共政策制定、医疗健康和环境保护等。

其次，计划行为理论需要不断加强和完善自身，特别是在干预行为方面的能力。研究者需要找出影响行为的主要变量，以提高对理论的解释、预测和干预策略。例如，了解人们对行为的态度、主观规范和知觉行为控制的影响可以帮助人们设计更有效的干预措施，以改变人们的行为。因此，未来的研究需要更加关注这些关键变量，并寻求更深入的理论理解和实证研究。

最后，研究方法的准确性和可靠性也是计划行为理论发展的重要方面。目前，研究者主要使用编制问卷测量法来收集数据。然而，这种方法存在科学性不足和繁琐的问题。为了确保研究结果的准确性和可靠性，研究者需要寻求更适用的方法。例如，结合实验设计、观察和定性研究方法可以提供更全面和多维度的数据，从而更好地解释人们的行为。

二、大学生终身体育习惯培养的影响因素

计划行为理论是一种解释个体行为的理论，它假设人们的行为都是理性的，并需要进行信息加工、分析和思考。该理论认为，个体的行为意向受到态度、主观规范和行为控制感等要素的影响，这些要素与行为意向之间存在着因果关系。高校要关注培养大学生的体育习惯，运用计划行为理论来分析态度、主观规范和行为控制感三个因素。同时激发大学生进行体育锻炼的行为意向，并帮助他们养成终身体育习惯。高校要提取和归纳真正影响大学生进行体育锻炼的根本原因。这可能包括个人对健康的态度、周围人对体育锻炼的看法和期望，以及个人对自己行为的控制感。为了促进大学生形成终身体育锻炼的习惯，需要提出具体的干预策略。这可能包括提供足够的信息和知识，改变大学生对体育锻炼的态度，加强社会对体育锻炼的认可和支持，以及帮助大学生提高自我控制和自我管理的能力。这些干预策略的实施，可以帮助大学生培养健康的体育习惯，并让他们享受到长期的体育锻炼所带来的益处。

（一）态度

态度是指个人对人、事、物和周围世界持久一致的行为倾向，它由认知和好恶这两个要素所决定。个体的态度通常是在后天形成的，它是对特定行为的心理反应，体现为喜爱或不喜爱的程度。

个体的态度是对其心理定势的直接反映，在参与特定行为时，会表现出一种心理状态。个体在体育锻炼中的行为态度是由多个因素综合影响而形成的。体育思想认识、运动情感体验和运动执行能力等方面的因素都会在一定程度上塑造个体的态度。积极的体育行为态度，可以通过提升个体对体育思想的认识水平、创造良好的情感体验和提高运动执行能力来加以塑造。

第一，体育思想认识。它不仅仅是对体育的认知，更体现了个人对体育的理解和思考。通过对体育思想的认识，人们能够更好地理解体育的意义和价值，从而在参与体育活动中投入更多激情和动力。

第二，运动情感体验。参与者在体育锻炼中会产生各种感受和情绪反应，这些情感体验可以是喜悦、兴奋、挑战或成就感等。这些情感体验反映了个人对参与体育锻炼的态度和情感投入。体育活动不仅仅是一种身体上的锻炼，更是一种情感的表达和宣泄。通过体育活动，人们能够释放负面情绪，增强正面情感，提升幸福感。

第三，运动执行能力。运动执行能力是指个体在实际运动中所展示出来的能力和技巧水平。它包括肌肉的协调性、灵敏度和爆发力等方面。通过培养和提升运动执行能力，个人能够更好地将体育思想和情感转化为实际行动，这不仅有助于个人提高参与体育锻炼的决心和毅力，还能够使其保持持续性的参与。

要培养个体对体育的正确态度，需要通过实践来感受和学习体育。体育实践是培养个人体育思想、情感体验和运动执行能力的重要途径。通过参与各类体育活动和锻炼，人们能够亲身体验体育带来的益处和乐趣，从而加深对体育的认识和理解。通过实践，个体能够更好地发现自身的潜力和优势，并通过不断的努力和训练，提升自己的运动能力和技巧水平。

（二）主观规范

社会规范是社会中被广泛接受的行为标准，对个体在社会中的行为起着制约和管理的作用。在各个领域中，人们都会受到社会规范的约束。体育锻炼作为一种健身运动行为备受社会关注，其执行受到学校因素和家庭因素的影响。

第一，在学校环境中，首先，体育教师的支持和帮助对学生参与体育锻炼起着积极作用。态度热情和具有专业知识的体育教师能够激发学生的兴趣和动力，为学生提供适当的指导和鼓励，促使他们积极参与各种体育活动。其次，学校对培养学生积极参加体育锻炼的习惯的重视。通过提供丰富多样的体育课程和机会，学校能够为学生创造积极的体育氛围，培养他们养成良好的健身习惯。

第二，家庭因素对孩子的体育锻炼影响最为显著。父母的态度和行为对孩子的体育锻炼起着重要的示范和引导作用。如果父母热爱体育，并积极参与体育活动，他们将成为孩子的榜样，激发孩子对体育的兴趣。家庭可以为孩子提供支持和鼓励，帮助他们克服困难和挑战、树立正确的价值观，使体育锻炼成为他们健康成长的一部分。

主观规范是指个体基于外界压力和群体影响而形成的观念和行为准

则。社会中的同伴压力、社交媒体的影响等都可以改变个体对体育锻炼的看法和态度。因此，高校在培养大学生的体育锻炼行为时，需要重视主观规范中的从众行为对大学生参与体育运动的积极影响。通过建立积极向上的体育社交圈子，营造鼓励互相支持的环境，可以促使大学生更愿意参与体育活动，并在集体中形成积极的体育锻炼习惯。

（三）知觉行为

知觉行为控制感是决定个体终身体育锻炼行为习惯形成的一个关键因素。它是一个动态的控制变量，直接影响并操纵着人们的行为意向。在考虑知觉行为控制感对培养体育锻炼行为习惯的作用时，主要有三个影响因素，分别是个人意志力、锻炼方法以及同伴支持。

第一，个人意志力。意志力是一个人自觉地确定目标并调节行动的品质。它是在追求目标时抵御诱惑、克服困难以及坚持不懈的能力。对于长期坚持体育锻炼而言，个人意志力是一项困难且不易掌控的因素。很多人都希望养成体育锻炼的习惯，但真正能持之以恒的却寥寥无几。要养成体育锻炼的习惯，关键在于形成规律的锻炼时间。将锻炼时间纳入日常生活的固定安排，例如每天早晨或晚上的特定时间段，可以帮助个人养成锻炼的习惯。这种规律性的锻炼时间不仅能让身体更适应，还能增强个人的意志力，让坚持锻炼变得更加容易。然而，仅仅有规律的锻炼时间还不足以确保个人坚持下去。为了激发那些不爱运动或运动量过低的人开始锻炼并养成规律运动的习惯，需要采取一些干预策略。这些策略应该考虑到自我效能、自我控制、自我管理和自我监督这四个方面。

第二，锻炼方法。锻炼方法不仅能提高个人的运动技术水平，还能激发个人对体育运动的兴趣。通过选择合适的锻炼方法，个人能够有效地提升自己在体育运动中的表现和技巧。掌握正确的体育锻炼方法对于每个人而言都非常重要。了解不同运动项目的训练方法和技巧，能够更加有效地进行训练，提高身体素质和运动技能。无论是想要成为职业运动员还是追求个人兴趣，掌握适合自己的锻炼方法都是至关重要的。找到一位优秀的教师并进行持续刻苦的练习是提高运动技能的最佳途径。一位经验丰富的教师能够给予专业的指导和建议，找到存在的问题并制订有针对性的训练计划。而在实践过程中，持续刻苦的练习是取得突破的关键。只有通过不断的努力和磨炼，才能提高自己在体育运动中的水平。

第三，同伴支持程度。同伴可以给予鼓励和支持，帮助我们克服困难和挑战。同时，与同伴一起参与体育锻炼还能增加竞争和合作的机会，激发我们的动力和激情。另外，从众行为也在体育锻炼中具有一定的影响力。当看到身边的人积极参与体育锻炼时，我们很容易受到他们的影响而加入锻炼的行列中。正面的示范和榜样作用可以促使更多人参与体育锻炼，形成积极向上的健康生活方式。

三、大学生终身体育习惯培养的主要途径

根据计划行为理论，体育锻炼行为受到三个主要因素的影响：态度、主观规范和行为控制。在高校体育实践中，体育教师可以采取以下三个方面的策略来积极影响学生的体育锻炼行为，从而培养他们的终身体育习惯。

（一）激发体育动机，培养兴趣

动机是推动一个人进行活动的心理动因或内部动力。它起着始发作用、指向或选择作用以及强化作用。在大学生的终身体育习惯中，体育动机的激发具有重要影响。人们对体育活动的兴趣是动机产生的主观原因之一。事实上，体育兴趣是人们进行体育锻炼的根本动力之一。因此，体育动机的激发和体育兴趣的培养成了大学生终身体育习惯形成的关键所在。为了促进大学生体育习惯的发展，高校需要建立科学合理的制度来激发和培养他们的体育动机和体育兴趣。

第一，教育机构和体育组织应该提供多样化的体育项目和活动，以满足不同学生的兴趣和需求。这样可以为大学生提供选择的机会，让他们根据个人兴趣和偏好参与适合自己的体育项目。

第二，建立积极的体育文化和环境。大学校园可以设立健身房、运动场和其他体育设施，为学生提供方便的场所和设备进行体育锻炼。此外，高校要组织体育比赛和赛事，鼓励学生参与和观看，营造出积极向上的体育氛围。

第三，体育教育也起着重要的作用。在教育过程中，应该注重培养学生对体育的认知和理解，提供相关的知识和技能训练，激发他们对体育的兴趣和热情。教师和教育机构可以通过开设体育课程、举办讲座和培训活动等方式，帮助学生了解体育的重要性和益处，激发他们的体育动机和兴趣。

第四，个人的自我激励和目标设定也是至关重要的。学生需要明确自

己参与体育活动的目标，并制定可行的计划和策略来实现这些目标。他们可以设定小目标，逐步实现，从而提高自己对体育活动的动机和兴趣。

（二）提升体育运动技能的水平

运动技能是指人们在体育活动中运用知识经验经过联系而获得的完成某种任务的动作方式或心智活动方式。运动技能的形成是有阶段性的，不同的阶段具有不同的特点。运动技能通常可以划分为三个阶段。

第一，动作的认知阶段。在技能学习的初期，联系者的神经过程处于泛化阶段，内抑制过程尚未精确建立起来；注意范围比较狭窄；知觉的准确性较低；动作之间的联系不协调，特别是肌肉的紧张与放松配合不好；多余的动作比较多，整个动作显得忙乱紧张，完成的动作在空间、时间上都不精确；能初步利用结果的反馈信息，但只能利用非常明显的线索；意识的参与较多。在此阶段，练习者主要是通过观察示范动作并进行模仿练习，较多地利用视觉来控制动作。因此，练习者对动作知觉的感受性比较差，对动作的控制力不强，难以发现动作之间的缺点和错误。

第二，动作的联系阶段。练习者经过一定的练习之后，初步掌握了一系列局部动作，并开始把个别动作联系起来。这时，练习者的神经过程逐渐形成了分化性抑制，即只有条件刺激才能引起条件反射性反应，而近似刺激具有抑制作用，不会引起条件反射性反应。近似刺激在相应皮质细胞内形成的抑制过程叫分化性抑制。兴奋和抑制过程在空间和时间上更加准确，内抑制动作过程加强，分化、延缓及消退抑制都得到发展；注意的范围有所扩大；进展程度有所减慢，动作之间的干扰减少；多余趋向消除，动作的准确性提高；识别错误动作的能力也有所加强；初步形成了一定的技能，但在动作之间的衔接处常出现间断、停顿和不协调现象。在此阶段，练习者的注意力主要指向技能的细节，通过思维分析，概括动作的本质特征，逐步完善地意识到整个动作，把若干个别动作结合成整体。这时视知觉虽然起着一定作用，但已不起主要作用，肌肉运动感觉逐渐清晰明确，可以根据肌肉运动感觉来分析判断。

第三，动作的完善阶段。在这个阶段，练习者的动作已在大脑中建立起巩固的动力定型，神经过程的兴奋与抑制更加集中与精确，掌握的一系列动作已经形成了完整的有机系统，各动作都能以连锁的形式表现出来，自动化程度扩大，意识只能对个别动作起到调节作用。此时，练习者的注意力范围扩大，主要用于对环境变化信息的加工，对动作本身的注意力很少；视觉控制作用减弱，动觉控制作用加强，能及时发现和纠正动作的错误。

运动技能水平对大学生进行体育锻炼的影响非常大。在校大学生普遍反映在体育课堂中教师的教学并不能使他们很好地掌握体育动作技能，教学课时不多导致学生没有完全消化体育运动技术要领。因此，应该增加体育教师课外的辅导时间或者增加体育课时来帮助和指导学生进行体育锻炼。此外，运动技能的掌握仅靠体育教学的课时肯定是远远不够的，但是真正对体育感兴趣的学生或者是想学习体育技能的学生，高校应该考虑增加体育教师的课余辅导和课外教学时间帮助他们进行体育锻炼。

（三）提高体育教师的综合素质

高校体育在高校与社会之间充当着重要的桥梁，但同时也存在一些问题。这些问题包括体育教师在教学中缺乏积极性、教学方法单一、课堂氛围欠缺等。这些问题导致学生对体育课程失去了信心，参与体育课程的兴趣也逐渐减弱，因此应该重视高校体育教学的改进和提升。为了解决这些问题，高校需要重视培养体育教师的职业素质。体育教师应该具备扎实的专业知识和丰富的教学经验，同时也应该具备激发学生兴趣、创造积极课堂氛围的能力。此外，研究者也应该关注体育教学改革中所涉及的问题和可行策略，以提高体育教学的质量。培养和完善体育教师的素质是一个需要进一步加强的问题。计划行为理论可以被应用于培养和完善体育教师的综合素质。这一理论指出，通过设定明确的目标、提供必要的资源和支持、建立激励机制等措施，可以帮助体育教师养成良好的教学行为习惯和职业道德。在培养和完善体育教师素质方面，可以从多个方面入手，包括教育理念、教学环境、教学内容、教学目标、评价体系、激励机制以及教育体制等等。根据计划行为理论的影响因素，可以从以下三个方面对体育教师的综合素质进行培养和完善。

第一，改善体育教师自身教学行为态度。高校体育教师是体育教育的主力军和主导者。他们在塑造学生的体育素养和培养兴趣方面发挥着至关重要的作用。体育教师的行为态度会对学生产生深远的影响。一个积极、专业和富有激情的教学态度可以激发学生对体育的兴趣，培养他们的运动乐趣和自信心。相反，不良的教学行为态度可能导致学生对体育课程失去兴趣甚至厌恶。因此，高校体育教师应该意识到自己的责任，并努力改善自身的教学行为态度。教师的行为态度是他们基本素质的直接反映。积极乐观、关爱学生、注重个体差异和激发学生潜能的态度将有助于建立良好的师生关系，并为学生提供积极的学习环境。高校体育教师不仅仅是指导者，还扮演着科研和创新的角色。他们应该不断追求教学方法和教学内容的改进，以适应不断变化的体育教育需求。各级体育部门和高校应该组织教学培训和比赛，为教师提供专业发展的机会，并促进教师之间的合理竞争。这将激发体育教师的教学动力，提高他们的专业水平。为了提高和改善体育教师的教学行为，高校可以采取一系列措施。首先，高校可以为教师提供持续的专业培训，帮助他们更新教学理念和教学技能。其次，高校应鼓励教师参与教学研究和经验分享，以不断提高教学质量。此外，高校还可以建立激励机制，奖励那些在教学方面取得显著成绩的教师。通过这些措施，可以激发体育教师的激情和动力，提高他们的教学行为和教学效果。

第二，理性管理，加强主观规范作用。教师的素质是评判一个学校引进人才和管理制度质量的重要标志。在高校教育领域，为了推动发展，引进高层次、有能力的人才是必不可少的。特别是在体育教育领域，教师的动力和激情对提高教育质量和塑造学校形象至关重要。因此，高校领导应该高度意识到体育教师素质的重要性，并加强管理。为了确保高水平的体育教育人才培养，高校应该积极采取措施。首先，建议高校设立专门的体育人才培养基金，用于支持培养优秀的教师和学生。这样的基金可以提供奖学金、研究经费以及专项资金，鼓励教师积极参与科研和学术交流活动，提高他们的专业水平。其次，高校还应该实施一套合理的奖励制度，激励教师队伍的发展。不仅要重视教学成果，还要注重教师的教学方法和创新能力。通过对教师的表彰和奖励，鼓励他们在教育教学中不断进取，提高自身教育教学水平。另外，学校的鼓励和支持对提高高校体育教师的素质和能力也是至关重要的。学校可以为优秀的教师提供晋升机会和更好的待遇，让他们感受到自己的努力和贡献得到了认可和回报。此外，在教师的职业发展中，学校可以为他们提供培训和进修的机会，不断更新他们的知识和技能，提高他们专业素质。

第三，增强体育教师的行为控制能力。增强体育教师的行为控制能力是十分重要的，因为这种能力直接影响着他们的教学行为。在体育教学中，教师常常面临各种问题和困难，例如学生的不守纪律、行为问题以及团队合作的挑战等。良好的行为控制能力可以帮助教师有效地管理学生的行为，确保课堂秩序和教学进程的顺利进行。行为控制能力展示了教师的职业素质和专业水平。教师在处理行为问题时需要展现出冷静、公正和果断的特质。他们要能够准确地辨别和评估学生的行为，并采取适当的措施加以引导和纠正。通过展现出良好的行为控制能力，教师能够树立起自己的威信和权威，同时也能够赢得学生和家长的尊重与信任。体育教师需要具备课堂的现场把控能力。体育课的特殊性决定了教师需要在具体的实践中灵活应对各种情况。他们要能够准确地判断学生的动作是否正确，并给予及时的指导和反馈。此外，体育课通常需要进行体育技能的示范和指导，教师应当具备出色的表达能力和示范能力，以便清晰地传达知识和技能。体育课上的问题常常会给教师带来困扰。学生之间的竞争、情绪激动以及不同技能水平的存在都可能导致教学过程中出现问题。这就要求教师具备解决问题的能力和应变能力。他们需要灵活运用不同的教学策略，对学生进行个别辅导，促进他们的学习和发展。同时，教师还需要与学生和家长进行有效的沟通，以便及时解决问题并建立良好的教育合作关系。

所以，体育教师需要具备处理突发情况的能力，同时还要能够控制学生的情绪和专注力，以达到预期的教学效果。为了做到这一点，体育教师必须具备自我管理的能力。首先，体育教师需要注重职业道德修养，因为他们在学生中扮演着榜样的角色，这一点是不言而喻的。他们应该持续学习专业知识，努力培养自己的职业道德修养，树立爱岗敬业、乐于奉献、不厌其烦地教育学生的思想。其次，体育教师还需要学会调节自己的情绪，通过自我管理来提高自身的道德水平。良好的教师行为不仅能直接反映出教师的热情和努力程度，还有助于增强教师在成功进行体育教学方面的自信和决心。因此，体育教师在教学过程中要时刻保持自律，以身作则，不断提升自己的教育水平。只有通过这些努力，体育教师才能够更好地处理突发状况，控制学生的情绪和课堂注意力，从而达到优质的体育教学效果。

第三节　基于终身体育理念，构建大学生运动健康管理系统

大学作为学校教育与社会实践的过渡期，需要加强大学生的运动健康管理意识，促进他们养成运动习惯，并激发运动兴趣，以实现终身体育的

目标。选择适合自己的运动项目是培养运动习惯和激发运动兴趣的有效途径。每个人都有不同的体质和兴趣，因此，高校应该为大学生提供多样化的运动选择，让他们能够找到适合自己的运动项目，并且在其发展过程中得到支持和鼓励。建立一个便捷、专业的健康管理服务系统可以解决如何科学地管理健康和利用科学的体育运动提高健康水平的问题。这个服务系统应该包括信息管理、健康评估、健康干预、监督与反馈等环节，以确保学生能够全面了解自身健康状况，并得到针对性的健康干预和指导。

运动健康管理服务系统是基于终身体育理念构建的，旨在增强健康管理意识、培养体育运动习惯和激发运动兴趣。通过该系统，学生可以获得健康咨询和干预服务，从而在大学期间养成良好的运动习惯，并将其延续到毕业后的生活中。在服务系统的具体实施过程中，信息管理环节起着关键作用，能够通过统计健康信息，帮助用户了解自身健康状态，提高健康管理意识。健康干预环节则利用运动的手段，通过制定运动处方和推荐运动项目等方式，提高运动参与度，培养运动习惯。健康管理环节通过全面监测和分析健康行为，为用户提供健康咨询和干预服务。

实现运动健康管理服务的目标需要调动个人的主观能动性，并鼓励社会各界人士为健康管理服务贡献力量，利用现有资源提高健康管理效果。这意味着学校、健康机构、体育组织和社会团体应该共同合作，为大学生提供全方位的运动健康管理支持。

一、运动健康管理的基本介绍

（一）健康管理

健康管理最初由保险行业在美国医疗费用飞涨的背景下提出。它的主要目标是应对医疗费用的急剧增加，通过控制个体健康疾病的发生，采用监测、分析和评估等手段来获取健康信息，并为个体提供健康咨询服务，实施针对健康危险因素的干预措施。

健康管理的核心是学习如何管理和锻炼，改变不良习惯和生活方式，以减少医疗费用的支出并预防慢性疾病的发生。它涉及从信息管理开始，逐步进行健康评估、健康干预，再根据收集的反馈信息进行健康干预，直到达到恢复健康状态的目标。这一过程呈现出螺旋上升的结构，不断推动着健康促进的进程。健康管理的核心理念是预防胜于治疗。通过积极采取预防措施，个体可以更好地控制和管理自己的健康状况。这种方法不仅可以降低医疗费用，还可以提高生活质量和工作效率。

在健康管理中，关键的一环是收集和分析个体的健康信息。这些信息包括生活习惯、饮食习惯、运动情况以及遗传因素等。通过对这些信息进行全面评估，健康管理团队可以为个体提供个性化的健康建议和干预方案。健康管理还强调了积极的健康行为的培养。个体需要学习并采取健康的生活方式，如均衡饮食、定期锻炼、充足睡眠等。此外，健康管理还提供了应对压力、管理情绪等方面的技巧，以促进个体心理健康。

（二）运动健康管理

运动健康管理是一个与改善和维持机体健康状态相关的分支领域，其目的在于通过参与体育运动来提高健康水平。这种管理方法的关键在于制订有针对性的计划，并对计划的实施情况进行监督。换句话说，运动健康管理的范畴包括通过参与体育运动来促进机体健康，并对健康进行有意识、有目的的干预。

运动与健康之间存在着相互促进的关系。运动不仅可以维持健康水平，还可以改善亚健康状态，辅助疾病的治疗和康复。同时，良好的健康状态也是参与运动的基础，因为只有在健康状态逐渐改善的基础上，人们才会有更多的动力主动参与体育运动。运动健康管理正是通过运动这一手段，达到促进健康的目的。

运动健康管理的核心在于制定个性化的计划和目标。针对不同的个体，根据其身体状况、健康需求和运动能力，制定适宜的运动方案。这些方案可以包括有氧运动、力量训练、柔韧性训练等不同类型的运动。通过定期锻炼，人们可以提高心肺功能、增强肌肉力量、改善身体柔韧性，并维持健康的体重和体脂水平。

在运动健康管理过程中，监督和评估也十分重要。个体定期进行体检和健康评估，可以了解自身的健康状况和运动效果，并及时调整运动计划。此外，运动健康管理还可以通过技术手段，如智能穿戴设备和健康管理应用程序，帮助人们记录运动数据、监测身体指标，并提供个性化建议和指导。

（三）运动健康管理系统

运动健康管理系统是一个由多个组成部分构成的整体，它利用互联网技术来收集、存储和处理用户的健康信息，以提高用户对健康管理的认识和维护健康状态。运动健康管理是健康管理领域中与体育运动相关的内容，它需要按照健康管理服务的步骤要求进行，旨在实现终身体育理念。运动健康管理，强调以自我管理作为基础，通过外界干预手段如运动处方和选项推荐来培养个体健康的管理意识和运动习惯。运动健康管理系统整合了互联网科技，使其易于普及和被用户使用。运动健康管理的目的是改善和维持整体健康状态，包括提升体质健康水平和改善生理、心理健康状态。通过运动健康管理，个人可以得到专业的指导和支持，了解如何进行适当的运动以改善健康状况。该系统提供了个性化的运动方案和建议，以满足不同个体的需求和目标。

运动健康管理系统的优势在于其互联网技术的运用，用户可以通过移动设备或计算机随时随地访问系统。系统中的数据分析和反馈功能可以帮助用户监测和评估他们的健康状况，并提供准确的建议和调整策略。

运动健康管理系统主要包含信息管理、健康评定、健康干预（运动处方、选项推荐）、监督与反馈等。

二、构建大学生运动健康管理系统

（一）构建大学生运动健康管理系统的必要性

1. 开展运动健康管理服务的要求

运动健康管理在提高国民体质素质和加快健康中国建设中扮演着重要角色。随着信息技术的快速发展，运动健康管理与科技的深度融合有机会实现。在这一过程中，高校在培养学生健康管理意识方面起着关键作用。高校应该充分利用课余时间，鼓励学生主动参与体育运动，并培养他们的健康管理习惯。

为了解决学校教师资源不足的问题，智能设备成为一种有效的解决方案，并可以为大学生群体提供有针对性的服务。这些设备可以提供个性化的健康管理建议，帮助用户监测运动情况，甚至提供在线辅导。智能设备的使用可以极大地促进大学生的健康管理，并克服资源有限的困扰。

近年来，大学生的体质健康水平下降，并且亚健康状态普遍存在。这种情况需要予以重视，因为大学生是国家未来的栋梁。为了应对这一问题，运动健康管理系统应运而生，为大学生提供专业、科学的健康管理方式。这个系统可以通过数据分析和个性化指导帮助大学生制订健康计划，并监测他们的进展。它不仅能够提供运动建议和饮食指导，还可以提供心理健康支持，确保大学生的全面健康管理。

2. 运动健康管理系统创新的需求

现有的运动健康管理系统和健康管理网站需要在以下方面进行改进，以提升用户体验和管理效果。

第一，在设计理念方面，系统应采用终身体育理念。这意味着系统要鼓励用户养成健康管理的习惯，并根据用户的健康状况和行为习惯提供定制化的运动处方和选项推荐。通过积极引导用户参与各种运动活动，系统可以帮助用户建立良好的健康管理意识和行为模式。

第二，在健康信息采集方面，系统应综合利用多种客观指标进行评估。这包括国家大学生体质健康测试标准、医院体检数据以及心理量表测试等。通过评估用户的身体状况和心理健康情况，系统可以更加准确地了解用户的健康状态。此外，系统还应引入自测健康评定量表，以收集用户近期的健康反馈信息。这有助于提高系统评估和干预的准确性，为用户提供更有针对性的健康管理建议。

第三，在制定运动处方方面，系统应考虑多方面因素。除了用户的体质情况和医学指标外，系统还应充分考虑用户的心理健康促进情况。系统可以根据用户的需求和目标，制定更加个性化和精细化的运动处方。这意味着用户可以得到符合自身情况的专属运动计划，从而更好地实现健康管理和健身目标。

第四，在选项推荐方面，系统应根据用户的个人特征和健康需求进行分析。系统可以综合考虑不同运动项目之间的关系，并结合用户的周边实际情况，为用户推荐合适的运动项目。此外，系统还可以根据用户的群体类别提供不同类型的运动项目推荐。这样可以提高用户的兴趣和参与度，让他们更有动力积极参与运动，提升健康管理的效果。

3. 运动健康管理的终身体育理念

健康管理服务对大学生的健康意识和健康管理意识的培养具有重要作用。只有增强大学生的健康意识，才能从根本上缓解大学生体质下降的问题。因此，增强健康管理意识被认为是维持健康状态的有效方法。然而，增强健康管理意识是一个漫长的过程，需要采取适当的手段来实施干预。体育运动本身具有促进健康发展的特点。通过培养体育运动的爱好，学生能够养成终身体育锻炼的习惯，从而大大增强他们的健康管理意识。

系统通过选项推荐合适的运动项目，可以精准地匹配学生的需求和兴趣。从健康社会干预的角度出发，这种手段能够帮助大学生进行健康的自我干预。通过主动参与健康管理活动，学生能够增强他们的健康管理意识，并在参与运动的过程中养成终身体育锻炼的习惯。

这种健康管理服务的实施不仅有助于改善大学生的体质状况，还能够培养他们的自律性、团队合作精神和积极的生活态度。通过定期的健康评估和个性化的健康指导，学生可以更好地了解自己的健康状况，并采取相应的措施来改善和维护自己的健康。

（二）大学生运动健康管理系统的组成元素

运动健康管理系统分为信息模块、匹配算法模块、健康数据库三个模块。

1. 信息模块

信息模块在系统中扮演着关键的角色，由用户信息库和资源信息库两部分组成。用户信息库被用来描述和存储用户的兴趣和需求，包括显性信息和隐性信息。显性信息指的是明确提供的用户数据，而隐性信息则是从用户行为和偏好中获取的隐含信息。

（1）显性信息。用户信息库中的显性信息主要包括用户的基本信息和健康信息。基本信息方面，包括姓名、性别、年龄、既往病史、家族病史等。这些数据为个性化运动健康管理服务提供了基础，使得系统可以更好地了解用户的身体状况和特殊需求。

健康信息是用户信息库中的另一个重要组成部分。它包括体测信息、体检信息、心理健康信息和健康自测信息。体测信息涵盖了多个测试项目，例如BMI指数、肺活量、50米跑等，用于评估用户的身体素质和运动能力。而体检信息则是医疗机构对用户进行的健康检查所得到的结果，为用户提供了更全面的健康状况评估。

心理健康信息是通过使用症状自测量表（SCL-90）来量化用户的心理健康特性。这种评估方法可以帮助系统了解用户的心理状态、压力水平和情绪健康。另外，健康自测信息使用自测健康评定量表（SRHMS），通过用户主观评价的方式，提供关于健康状况的信息。

这些用户信息在个性化运动健康管理服务和学生体质健康状况的判断中扮演着重要的角色。个性化运动健康管理服务需要根据用户的个人特点和需求进行定制化的建议和指导。而学生体质健康状况的判断需要基于全面的用户信息，以便更准确地评估学生的身体素质和健康状况。因此，信息模块中的用户信息库和其中所包含的各种信息对实现个性化的运动健康管理和提供精确的体质健康评估具有重要的意义和作用。

（2）隐性信息。隐性信息是一种无法直接展现健康状况的信息，需要进一步加工和分析才能得出结论。为了更好地了解用户的兴趣和行为，系统收集用户的兴趣和行为信息，并提取其中关键的特征词，以更新用户的兴趣需求。手机和智能运动设备成为获取隐性信息的主要渠道。

便携式运动智能设备，如智能手表和运动手环，具有实时监测人们健康信息的功能。无论是步数、心率、睡眠质量还是消耗的卡路里，这些设备都能够准确地进行追踪和记录。通过收集这些数据，能够更全面地了解用户的健康状况。通过分析这些设备的数据，可以更新用户的个人信息并进行健康干预。例如，根据用户的运动数据制定个性化的运动处方，帮助他们达到健康目标。此外，通过微调运动结果，根据用户的反馈和设备数据来优化运动计划，可以确保用户获得最佳效果。

（3）反馈信息。反馈信息对用户的健康非常重要。它包括评估健康指标与标准的信息，帮助用户了解自己的健康状况。此外，反馈信息还包括制作运动处方所需的信息，以及运动项目的特征信息。这些反馈信息能够指导用户进行运动，并确保他们在运动中做到科学、有效的锻炼。

2. 匹配算法模块

匹配算法模块包括信息处理模型、健康评定模型、运动处方生成模型、运动项目推荐模型，输出模块包括运动处方的输出模板。

（1）信息处理模型。

第一，显性信息处理是指用户通过填写包括体质健康、生理健康、心理健康和社会健康等在内的基本信息，来完善《健康信息统计表》并对健康信息进行统计分析。在填写表格时，用户可以提供各种关于自身健康状况的数据，例如身高、体重、血压、血糖等。这些数据可以用于计算和评估用户的健康指标，包括身体各项指标的优等水平和异常情况。

第二，隐形信息处理是指通过用户的个人基本信息和行为信息，来总结和提取用户的兴趣需求的关键特征。为了实现这一目标，可以采用林霜梅等人提出的用户建模学习算法。首先，算法确定具有明确兴趣取向的词语，这些词语能够反映用户的兴趣和需求。然后，算法筛选掉重复的词语，确保关键特征的准确性和唯一性。接下来，算法利用 TF-IDF（词频—逆向文件频率）进行处理，以确定每个词语的重要性和权重。最后，算法根据一定的比例确定关键词的特征向量，并记录获取到的特征词及其对应的时间。

（2）健康评定模型。

健康评定采用三维健康观，包括身体健康、心理健康和社会健康。这三个方面共同构成了一个人的综合健康状态。在健康状态的判定方面，考虑了身体健康、心理健康和社会健康指标。当身体、心理和社会健康指标都正常时，可以判定为健康状态。如果这些指标中有一项或多项异常，但没有明显的病症出现，将其归类为亚健康状态。而当医院确诊存在疾病时，则表示为疾病状态。

身体健康评定主要基于体测报告和体检结果。这包括大学生体质测试和医院体检中的生化指标等因素。通过对这些数据的分析和比对，可以对身体健康状况进行评估和判定。

此外，使用自测健康评定量表（SRHMS）也可以进行健康评估。这一量表有助于对用户过去四周的生理、心理和社会状态进行评估。通过回答一系列问题，用户可以获得一份自我评估的结果，从而更好地了解自己的健康状况。

心理健康和社会健康评定方面，使用心理健康症状自评量表（SCL-90）进行。该量表包括 90 个问题，通过统计阳性项目数和阳性症状分数，可以评估受检者的心理症状严重程度。这种评估方法能够帮助用户更好地了解自己的心理健康状况和社会适应能力。

（3）运动处方生成模型。运动处方生成模型是进行健康干预的关键过程。它涉及制订个体化的运动计划，旨在达到特定的健康目标。对于疾病人群，运动处方的目的是促进康复和消除危险因素；而对于亚健康人群，运动处方的目的则是消除潜在危险因素。运动处方需要根据不同目的进行制定，并对实施情况进行监督和反馈。运动处方生成模型通过分析体质测试数据中的不合格指标来制订具体的运动计划。为了确定不同指标的重要性顺序，系统通常会按照心肺指标、体形指标和素质指标的顺序进行排序。

运动健康管理系统具有循环发展的结构特征和反馈功能，以持续改善异常指标并实施个性化设计。该系统通过定期监测和评估运动效果，对运动处方进行调整和优化。这种循环反馈机制确保了运动计划的有效性和可持续性。

对于疾病人群和运动型伤病人群，运动处方生成模型提供了直接选择相应的运动处方的选项。根据个体的疾病或伤病情况，系统可以生成适合其康复和治疗需求的特定运动计划。这种个性化的运动处方有助于加快康复过程，并最大限度地减少潜在的健康风险。

（4）选项推荐模型。选项推荐模型的目标是推荐适合用户的运动项目，重点关注那些处于非健康状态、缺乏健康管理意识和缺乏专业指导的高校大学生。对于健康人群，推荐的运动项目侧重于提高他们的成就感和运动参与度，以激发他们的运动兴趣。而对于亚健康人群，推荐的运动项目则基于他们的异常指标，并结合他们的优势指标，通过增强机体抵抗能力、改善危险指标和恢复健康状态来激发他们的运动兴趣。

选项推荐模型的目标是实现终身体育，通过激发用户的运动兴趣来满足他们的健康发展需求。为了实现这一目标，运动项目推荐模型使用心理测试和健康自测数据，综合考虑用户的异常指标，并根据异常指标的严重程度进行排序，以确定推荐的选项。通过收集到的优秀指标和异常指标集合，模型可以匹配适合各个群体的运动项目，并在考虑客观环境条件的基础上进行筛选。选项推荐模型可以帮助高校大学生选择适合自己的运动项目，尤其是那些面临健康问题、缺乏健康意识和专业指导的大学生。根据个人的健康状况和需求进行个性化推荐，这个模型可以帮助用户改善健康状况、增强身体素质，并提高他们对运动的参与度。此外，该模型的推荐也将考虑到用户所处的环境条件，以确保运动项目的可行性和可持续性。

3. 健康数据库

（1）健康状态的界定。

健康状态的界定是指身体、心理和社会三个方面的良好状态，而维持健康需要在这些方面保持平衡。身体、心理和社会三个方面的标准都被认为是衡量健康状态的重要指标。

身体方面的标准包括良好的睡眠质量、抵抗疾病的能力、维持适当的体重以及身体的反应敏捷性。良好的睡眠对身体的恢复和健康至关重要，它有助于增强免疫系统功能和提升大脑的认知能力。此外，身体的抵抗力也是健康的重要组成部分，一个健康的人应该能够有效地抵御疾病的侵袭。保持适当的体重对身体的功能和健康状态非常重要，过重或过轻都可能导致健康问题。最后，身体的反应敏捷性是衡量身体机能是否良好的指标之一，它反映了一个人的身体机能和协调性。

心理方面的标准包括积极的态度和强大的应变能力。积极的态度能够促进身心的健康，帮助人们更好地应对生活中的挑战和压力。而强大的应变能力意味着一个人能够适应和处理生活中的各种变化和困难，从而减轻心理压力和情绪不稳定。

社会方面的标准包括个体在社会交往和人际关系中的健康状态。社会支持和良好的人际关系对一个人的幸福感和心理健康非常重要。积极的社交关系可以提供情感支持和实际帮助，使人们更好地应对压力和困难。

（2）运动处方生成库。运动处方是为亚健康人群和疾病人群设计的，旨在改善危险因子和促进康复。它是一种个体化的方案，根据个体的特定状况和需求来制定。运动处方包括目标、内容、运动负荷和注意事项等要素，以确保人们能够安全、有效地进行运动。

在制定运动处方时，首先要根据个体的危险因子选择适当的运动项目。危险因子可以是高血压、高血糖、肥胖等与患病风险相关的因素。针对不同的危险因子，运动处方会选择相应的运动项目，如有氧运动、力量训练、普拉提等，来改善身体状况。此外，运动处方还会根据个体的性别和身体情况来设置运动强度。女性和男性在运动强度上可能会有所不同，这样可以确保他们能够根据自身状况进行适度的运动。个体的身体情况也会影响运动处方的设计，例如年龄、身体质量指数（BMI）、运动能力等。

根据目的和适用人群的不同，运动处方可以分为三类。

第一类运动处方旨在改善体质健康，针对体测结果异常的亚健康人群和特定需求的健康人群。通过定期的运动计划，这些人群可以提高身体素质，增强免疫力，预防疾病的发生。

第二类运动处方是针对体检结果异常和已被确诊为患有疾病的人群。这些人群需要辅助医学治疗，并且运动处方可以作为一种辅助疗法来促进康复。根据具体的疾病状况和治疗进程，运动处方会根据医生的指导来制定，以确保运动的安全性和有效性。

第三类运动处方是针对预防和处理运动损伤的人群。这包括急性和慢性损伤的预防、治疗和康复干预。对于从事高强度运动或大运动量的人群来说，运动处方的正确实施可以降低受伤的风险，并且在受伤后能帮助人们有效地康复。

（3）运动项目推荐库。

第一，选项推荐的基本内容：选项推荐旨在满足那些有参与运动的动机但缺乏明确兴趣的人的需求。它通过引导人们参与系统推荐的运动项目来维持他们的身体和心理健康，并同时激发他们对体育运动的兴趣。这种推荐是基于对不同运动项目的竞技特征和能力提升程度进行统计分析的。

第二，运动项目的分类：运动项目的竞技特点反映了它们的本质特征，通过分析运动项目的竞技特点，人们可以更好地理解它们的本质。项群理论根据竞技能力作为主导因素对运动项目进行分类，提供了一种工具来进一步研究运动项目的本质特征。根据该理论，运动项目可以分为四大类和九个亚类，并且还可以根据需要增加集体类运动项目这一类别。

第三，运动项目的特征：三维健康观是判断健康状况并进行干预的关键。通过参与运动，人们可以改善自身的能力，以适应不同运动项目的特征，并提高自身的健康水平。结合项群理论，总结出不同项群类型对锻炼者身体健康的促进作用。这种综合方法有助于人们更好地了解不同运动项目对身体健康的影响，并为人们提供更准确的选项推荐，以满足他们的健康需求。

（三）大学生运动健康管理系统的主要特征

1. 理论体系具有科学性

第一，大学生健康信息管理是一个包含基本信息和健康信息两个部分的系统。通过进行体质健康测试和健康体检等方式，可以获取到真实、客观、全面的信息。这些信息将被用于互联网技术和协同过滤算法的筛选，以便更新健康信息。

第二，在健康评估方面，主要依据亚健康评估和运动能力评估。为了进行评估，可以参考相关标准和评估方法，如 SRHMSV1.0 和国家学生体质健康标准（2014 修订）。这些评估将提供一个综合的健康状况，帮助大学生了解自己的健康水平。

第三，在选项推荐方面，可以采用项群理论的分类方法。结合大学生的实际情况和行为特点，系统可以为他们推荐合适的运动项目。这些推荐基于个体的身体状况、兴趣爱好和可行性等因素，旨在提供最佳的运动选择。

2. 服务平台具有普及性

随着社会的不断进步，智能手机已经成为大学生必不可少的工具，而微信则是他们使用最广泛的社交软件。微信是一款为智能终端提供即时通讯服务的应用程序，被选为大学生管理和服务的平台，这是因为它具备了许多灵活方便的特点，例如不受时间和经济条件的限制。微信小程序则是一种全新的连接用户和服务的方式，用户可以直接使用而无须下载安装额外的应用程序。微信小程序已经渗透到人们生活的各个方面，几乎覆盖了所有人群，尤其是年轻的大学生群体，他们是时代潮流的引领者。

3. 操作系统具有便捷性

微信小程序在开发和编辑过程中采用了一套简捷高效的应用开发框架，提供了丰富的组件和 APL（应用程序接口）用于服务系统的菜单栏设置。通过这些设置，用户可以轻松地自定义按键，以便快速进行操作。例如，在微信登录页面中，用户可以直接链接微信昵称和头像。这种方便的功能使得用户能够更加便捷地进行操作，并且系统会生成一个相应的用户 ID。

在健康管理页面中，有一个任务打卡的功能。该功能会根据系统反馈的信息和用户的行为信息实时更新任务的内容。如果系统检测到用户的信息发生了变化，比如用户的健康数据有所改变，任务打卡页面会相应地更新任务的要求。这种灵活的反馈机制使得用户可以在做出调整或者采取行动时得到准确的指导，并能够根据自身情况和需求合理地完成任务。

（四）大学生运动健康管理系统的重要功能

大学生运动健康管理系统主要有五个方面的功能，分别是信息处理功能、健康评估功能、制定运动处方功能、选项推荐功能、监督实施功能和健康反馈功能。

1. 健康评估功能

健康评估功能是采用体测评价标准对测试项目进行评估，体检报告中会根据参考值以及常见疾病引发的异常指标进行评估，心理和社会能力测试会采用症状自评量表（SCL−90）对常见心理疾病进行测试，测试结果会按照测试评定标准进行评估。不清楚自己体测结果和体检结果的用户，也可以通过 SRHMS 替代体检和体测结果来反映身体健康，扩大系统的适用范围。当所有指标均正常时即可判定用户为健康，若有一项及以上指标不在正常范围内，即可判定用户处于亚健康或疾病状态。

2. 信息处理功能

信息处理功能是将体测结果、体检报告、个人评估、心理和社会能力测评结果等的显性信息统计并翻译成系统可识别的内容。对个人目前的运动情况与手机关注体育信息的情况进行汇总并筛选出与体育运动有关的关键词，以方便系统凸显对用户的健康评估和制定运动处方及选项推荐等方面的个性化。

3. 制定运动处方功能

制定运动处方功能主要针对亚健康人群和疾病人群。

（1）通过筛选体质测试数据中“不合格”指标和“优秀”级别的指标分别组成异常指标和优等指标集合，根据指标不合格的程度对异常指标进行排序，并依据优势指标集合，区分不同用户的个人特征，制定更有针对性的个性化指标。

（2）根据体检数据确定身体健康中的异常指标，判断可能出现的潜在疾病，开出对应的运动处方。结合手机中用户运动情况的实时信息，按照指标排列顺序依次实施健康干预。在健康干预过程中，通过监督实施运动处方，来提高用户的运动参与度，进而达到恢复健康状态的目的。“运动处方是要配合个体的运动状况进行微调的，所以运动处方教学一定要‘与时俱进’，培养学生的‘创新自主’能力，这样才能提高高校体育教学的质量，促进高校体育教育的健康发展。”①

4. 选项推荐功能

选项推荐功能主要针对健康人群和亚健康人群。首先，在健康人群的体测数据中筛选“优等”指标形成优等指标集合；筛选亚健康人群心理测试结果中出现的异常症状组成异常指标集合。以项群理论为基础，

① 于佳祥，徐英微．高等学校体育教育中的运动处方教学理念探讨 [J]. 体育与科学，2009，30（3）：105.

对体育项目进行分类并分析各项群类属的项目特征。从集合中依次选择健康指标来匹配项群类属，再结合用户的实际情况和行为习惯进行筛选，最终得出推荐结果。用户可以从所推荐的几个运动项目中自主选择，以此实现培养运动习惯、激发运动兴趣的目标，进而达到维持健康状态的目的。

5. 监督实施功能和健康反馈功能

监督实施功能和健康反馈功能是为了保证运动健康管理服务的有效性，通过提供实时更新的用户健康状态和任务内容，并采用打卡的形式敦促用户进行健康管理，通过对用户实施管理的结果进行反馈，然后收集用户的临时兴趣，实现系统的精准化和智能化。

（五）大学生运动健康管理系统的设计要点

1. 大学生运动健康管理系统的整体结构

运动健康管理服务系统需要以小程序的形式呈现出来，那么就需要结合小程序的开发规则和要求将服务系统理论体系具体化。服务系统预计设计出登录页面、注册页面、系统首页（健康信息页面）、健康管理页面、个人中心页面等，以实现信息处理、健康评估、制定运动处方、选项推荐、监督实施以及健康反馈等功能。

2. 大学生运动健康管理系统的视图设计

在小程序的前端开发中主要涉及四类文件，其中 WXML 文件是对小程序页面内容进行描述，WXSS 文件是对页面的排版格式进行描述和定义，JS 文件是对页面中涉及的逻辑关系进行描述，JSON 文件是对整个页面进行管理。

视图层是在 WXML 与 WXSS 文件中编写的，由组件进行展示。将逻辑层的数据反映成视图，同时将视图层的事件发送给逻辑层。本系统共设计了四个主页面，分别是登录页面、系统首页（即健康信息页面）、健康管理页面、个人中心页面。

第一，登录页面。登录页面是进入服务系统的第一步，也是匹配用户健康信息的重要依据。服务系统的登录页面所在文件路径为…/…/pages/

login/login。直接点击“微信授权”的按键，通过获取微信头像、昵称等基本信息，经 loge.js 文件中逻辑算法的处理，将信息提交并匹配用户基本信息，以此来建立个人健康档案。

第二，系统首页。系统首页即健康信息页面，是运动健康管理系统的门户。设计该页面主要用于收集和统计用户基本健康信息，以便建立用户健康档案。该页面所在文件路径为…/…/pages/home/home，页面内容主要包括信息收集部分，如体检信息、体质信息、健康自测信息和心理测评信息等；系统宣传栏；健康信息资讯栏，如运动损伤的处理、常见疾病的预防与康复等。本系统重在健康管理，故目前在信息收集页面是通过收集有关健康信息的评定结果来实现的，如填写体质健康信息时，只填写体质数据肺活量指标的等级情况即可。

第三，健康干预页面。健康干预页面是进行运动健康管理服务的有力保障。该页面所在文件路径为…/…/pages/entrustHome/entrustHome，页面主要内容有健康状态显示栏、运动处方打卡栏和选项推荐栏。健康状态栏根据信息管理页面获得的用户健康信息，通过系统后台按健康评定的既定逻辑对用户健康状态进行判定并在状态栏处显示健康状态，其中健康状态以蓝色为背景色，亚健康状态以黄色为背景色，疾病状态以红色为背景色。在任务打卡栏中运动处方的内容是根据异常指标集合与任务完成情况决定的。任务完成情况与打卡是通过人工点击是否完成来确定的，若全部完成则系统会自动截屏并显示分享页面。

第四，个人中心页面。个人中心页面主要是查看个人基本信息、个人健康信息、登录与退出登录。该页面所在文件路径为…/…/pages/mypage/mypage，该页面中的个人信息主要来自登录信息和个人补充的信息。健康信息评估结果是经过健康信息页面中所收集的用户健康信息，并经过简单的筛选和过滤将信息填充在健康信息统计表中的。

3. 大学生运动健康管理系统的逻辑设计

逻辑层是使用 JavaScript 引擎，为小程序提供开发者 JavaScript 代码的运行环境。逻辑层将数据处理后发送给视图层，同时接受视图层的事件反馈。

第一，数据库。本系统连接的数据库是依托于腾讯云服务中云开发（付费版）作为数据存储和运行平台。采用该数据库只需设置一个集合名称，系统会根据用户登录和操作信息自动生成相应的信息条目，如设置一个“Companylnf ”集合后，通过与渲染层进行连接，当渲染层发出指令时，这个集合内部会自动生成相应用户的 ID 文件，以及用户在渲染层生成的相关数据。

第二，筛选用户健康信息。在获取的体质健康信息、躯体健康信息、心理健康信息和社会健康信息中，以“是否有指标异常”为筛选条件，筛选出异常指标并形成集合；若无异常指标则筛选出体质健康信息中的优秀指标形成集合，自动填充到健康信息统计表中，并在个人中心页面健康信息栏中体现。

第三，制定运动处方。根据健康信息统计表、用户行为信息以及执行打卡情况来确定运动处方的具体内容，主要体现在健康管理页面任务打卡栏的内容设置上。

第四，选项推荐。根据健康信息统计表中的异常指标集合或优等指标集合，匹配不同项群类属，再结合周边的场地和硬件设备去除无法参与的运动项目。匹配方法是将项群类属的特点与指标集合进行比对，选择类属特征与指标重合度最高的一类；周边场地和设施是通过地图的功能（默认搜索周边体育场和公园）或统计校内可使用的场地器材来确定的。

第七章 终身体育理念下高校体育教学的改革发展

第一节 终身体育理念下高校体育教学的定位与发展

高校体育教学为终身体育发展奠定基础，终身体育理念有效延伸高校体育教学价值，二者都服务于个体发展。终身体育视域下的高校体育教学，需定位于学生知识、技能、健康、品质等各方面的协调发展，也要通过调整课程教学、加快师资培养、拓宽教学视角、加强资源共享等措施，使教书和育人并举、发挥教育价值和承担社会责任共生，从而在帮助学生树立终身体育思想、养成科学运动习惯的同时，为广大民众践行终身体育理念做好服务。

一、终身体育理念下高校体育教学的基本定位

在终身体育视域下，高校体育教学要为学生长远发展夯实基础、积聚力量，所以教学定位要着眼于学生成长成才的各个方面。高校体育教学作为一个循序渐进、逐步拔高的过程，需通过科学有序的实践指导，帮助学生实现文化知识积累、兴趣技能养成、身心健康发展、人格品质塑造的整体进步。

（一）增强学生体能与身心健康

近年来，中小学生体质健康迎来发展拐点，身体形态、身体素质呈稳中向好趋势，但大学生体质健康水平继续呈下降态势。从校内体育运动情况来看，中小学校普遍坚持落实“每天锻炼一小时”的体育要求，积极组织校园体育活动并监督学生按时、足量完成。然而，大学生每天坚持至少一小时体育活动的学校比例不到中小学校的 60%，所以大学生体质健康水平持续下滑，与其体育参与不足不无关系。在此背景下，高校必须将增强学生体能与身心健康作为体育教学的目标之一。一方面，高校体育教学要站好学校体育教育的最后一班岗。中小学生无论兴趣使然还是学校约束，都养成了较为规律的锻炼习惯；而大学生脱离父母与教师管束，其独立性、自主性快速增强，丰富多彩的大学生活使其应接不暇，疏于自我管理、放弃运动习惯在大学生群体中极为常见。基于此，高校绝不能成为学生转移运动兴趣、中断体育行为的节点，而是要促进学生体育行为的养成，使中小学阶段体育教育取得的成绩得以有效保持。另一方面，高校体育教学要为学生强身健体打好基础。尊重学生个人意愿、赋予学生成长空间是高校办学发展的基本遵循，但依靠强制手段规范学生体育行为也不可取。高校体育教学要把握好课程教学机会，着重突出体能训练与健康教育，使学生能以强健的体魄、健康的身心对待学习与生活，从而为自身长远发展强基固本。

（二）培养体育兴趣与运动技能

终身体育的推广实施，离不开个体偏好与运动基础的深刻影响，所以高校体育教学需立足于学生体育兴趣和运动技能的引导培养。

高校开设的体育课程、设立的体育项目皆符合大学生身心发展规律，但受个人成长环境和认知偏好等因素的影响，部分学生对自身不熟悉的体育项目缺乏尝试的勇气和意愿。这就需要高校与教师加强教育引导，通过体育游戏、竞技比赛来彰显运动项目的魅力与张力，为学生提供展示自我、表达个性的视角与机会，使学生在丰富多彩的体育项目中广泛培养兴趣，找到适合自己的运动项目。在此基础上，体育教学要不断强化学生在体育项目中获得的正向感知，从而使学生对体育项目产生浓厚兴趣，逐步过渡到体育运动整体层面，为学生养成良好的运动习惯、践行终身体育理念拓宽空间。

与此同时，提高学生运动技能也应成为高校体育教学关注的重点之一。高校开设各类体育课程并不代表学生日后要经常从事所学的运动项目，提高学生运动技能也不是为了推动学生参加比赛、成为业余运动员，而是通过体育课程帮助学生建立基本认知，为学生扩大视野、增长见识创造条件，并使学生在日后参与体育锻炼时，有更充足的运动信心和更宽松的选择空间。

（三）提高体育认知与文化素养

高校体育教学是以各类体育项目为载体，以促进学生全面发展为目标的综合性活动。教学实践过程包含丰富的文化知识、运动技能以及精神内涵，应当成为提高学生体育认知与文化素养的有效途径。

第一，学生体育认知教育需实现内涵与外延的同步拓展。内涵层面需要帮助学生正确认识体育及体育教学的价值所在，即以学生为视角，从主体性与社会性角度出发帮助学生建立科学的体育意识。高校与教师要使学生了解体育及其教育教学活动在个体生存技能养成、适应社会生活、凸显个体意义等方面的价值所在。外延层面则是基于体育认知所达成的教育联动目标，比如学生在观赏竞技体育过程中形成的审美观念与精神追求，在项目学习过程中养成的规则意识和公平思想，在团队活动中树立的集体观念与合作思维，将延伸出更广泛、更深刻的思政教育意义，而体育教师在教学过程中的职责之一就是帮助学生强化积极认知与正向思维。

第二，高校体育教学对学生体育文化素养的教育，需达到知识拓展与文化挖掘两个维度的要求。前者除体育历史、运动发展等内容以外，学生还需掌握基本的身心健康、体育医学、运动保健等知识。后者则是对体育本身文化要素的挖掘，尤其要在传统武术、太极等课程中通过细节教育强化对传统文化的传承。

（四）促进社会参与和价值养成

终身体育视域下的高校体育教学，必须立足于社会发展现实，着眼于个体健康成长的人格与品格需求。梅奥等依据霍桑实验结果提出“社会人假设”，即人们最重视的是工作中与周围人友好相处，物质利益是相对次要的因素。所以，从社会学角度来看，完整意义上的人具有自然和社会双重属性，个体需要通过社会化来参与社会活动、适应社会环境、履行社会角色、得到社会认可。体育教学作为一项能够促进身心社会化的活动，对促进学生社会参与和价值养成具有多维意义。

严格来说，体育活动没有绝对意义上的个人项目，体育教学更不可能存在脱离人际交往活动的情况，即使没有明确搭档或队友的体育项目，学生也依然要与任课教师、其他同学保持沟通交流。所以，体育教学首先要教会学生与他人相处，培养学生的互助精神和团队意识，这将成为学生融入社会、得到社会认可的重要资本。与此同时，体育文化中勇于拼搏、自我突破的关键内核，不仅有利于培养学生坚韧不拔的优秀品格，而且其作为全球共性文化，对培养学生国际视野和全球格局具有积极意义。

体育教学透过具体的课程项目，要向学生传递尊重和理解体育文化多元性的信号，更要引导学生在观赏全球体育运动的同时，关注“人”的成长与发展，关注区域间、国家间的差异与冲突，进而通过体育教学帮助学生强化思政意识、深化人类命运共同体认知。因此，高校体育教学要成为塑造学生人格与品格的活动，也要成为学生认识个体与社会、个体与国家、个体与人类复杂关系的教育过程。

二、终身体育理念下高校体育教学的探索发展

终身体育理念下推动高校体育教学发展，需在准确做好教育教学定位的基础上，围绕学生、教师、资源等关键要素，以教学调整促进学生终身发展，以能力要求推进师资培养、以教学拓展加强横向联系、以资源共享完善公共服务，从而在强化高校体育教学效果的同时，从思想意识、知识技能、资源基础等不同角度为践行终身体育理念夯实基础。

（一）优化课程设计，促进学生终身发展

在高校体育教学定位的指导下，教学实践应围绕学生发展，实现知识、能力、身心健康、品质塑造的完整提升，这就要求高校与教师需对当前的课程教学进一步做出适应性调整。

第一，在教学内容方面，教师应兼顾理论知识和运动技能的同步引导，注重对学生体育兴趣和运动习惯的逐步培养，从而在帮助学生掌握体育知识与运动技巧的同时，使其具备科学、自主参与体育运动的思维意识，进而为学生增强体质、调节身心、修炼品行创造积极条件。

第二，在课程模式方面，高校体育教学应继续实行学生自主选择课程

内容、上课时间、任课教师的“三自主模式”。但需重点解决资源配置问题，要尽可能保证学生都能出于个人兴趣爱好做出学习选择。

基于此，高校长期做好体育教学问卷调查，及时调整和补充教师、场馆、设施等教学资源极为必要，以兴趣与需求为导向的体育教学，才是培养学生终身体育意识和习惯的关键所在。与此同时，当前多数高校的体育教学集中安排在大一、大二年级，学生通过统一选课、集中学习获得修习学分即可。这也意味着大三、大四学生基本不再具有获得系统体育学习的机会，运动兴趣转移、体育行为中断的可能性因此大大增加。高校还应积极筹措、协调体育教学资源，以通识类选修形式向高年级学生定量提供体育课程，以满足部分学生持续学习的需求与愿望。

（二）提升教学能力，优化教学师资队伍

在终身体育理念下，高校体育教学需关注学生的终生、全面发展，这对教学工作形成不小挑战，因而培养能力全面、素质突出的教学人才极为重要。

第一，就体育教学人才的能力而言，需达成“体育知识—专业技能—职业素养”三级结构。体育知识包括体育心理、运动生理、体育保健等教育知识，以及体育文化、运动项目等相关内容；专业技能则是对教学人才所学专业或擅长领域的具体要求，需涵盖体质水平、运动能力、器材驾驭能力、动作示范能力等方面，教学人才应做到“一专多能”；职业素养则是从教学实践层面对从教人员提出的整体要求，教学人才要具备良好的教学能力、创新科研能力、组织管理能力，也要热爱教育事业、具有高尚的思想品德。

第二，就体育教学人才的培养实践而言，高校可通过统一招聘、内部培养、校外交流等方式来实现人才积累。其中，统一招聘面向专职教师补充工作展开，需对应聘者做出学历背景、专业方向、技能水平、职业素养等方面的要求与调查，以保证新进教师能力结构与整体素养符合体育教学预期。内部培养主要针对高校体育教师队伍展开，除常态化教师培训以外，选择能力突出、工作积极的年轻教师给予重点培养，使其能力结构与教学技巧更契合终身体育要求。校外交流是基于高校体育教师与社会优秀体育人才双向流动的培养模式，旨在快速补充体育教学所缺乏的户外拓展、小众运动等师资力量。在具体实践中，高校可委派教师外出学习，也可邀请校外优秀体育人才到校授课，总体上在不改变人

才隶属关系的前提下快速优化师资队伍。

（三）拓宽视野，加强与社会发展的联系

终身体育在强调体育锻炼现实作用的同时，高度关注通过体育活动培养健康爱好、提升生活情趣的积极意义。所以，高校体育教学应跳出课程局限，拓宽视野，加强与社会发展的横向联系。

随着人们对回归自然、探索自然的关注升温，包括探险活动在内的户外拓展逐渐成为体育运动的新风尚。高校体育教学可根据自身条件与实际需求，积极开展潜水、冲浪、定向越野、徒步登山、滑雪、野营等户外课程，在保证课程教学多样性的同时，切实提高学生的环境适应能力和户外生存能力。如厦门大学深受欢迎的“攀树课”，在攀登装备支撑下、在专业教师指导下，学生除了学习爬树和使用专业工具修剪保护树木以外，还将利用课程知识做好自我保护、掌握野外生存技巧。更值得称道的是，学生将课程所学应用于现实生活，自发为周围居民修剪树枝，也会主动照顾台风过境后受到损伤的校园树木，真正实现了体育教学与社会实践的深度联系。

此外，随着社会的不断发展，大学生群体的视野与兴趣也在飞速变化，以球类、操类项目为代表的体育教学急需推陈出新、顺应潮流。需要注意的是，高校体育教学本质上属于高等教育范畴，引入何种运动、开设哪类课程都应秉持普及教育的基本理念，尽可能做到公平公正。比如，部分高校开设潜水、马术、高尔夫等高消费型的小众运动课程，除必要条件以外不对选课学生作过多要求，尤其不能以消费水平和运动基础作为选拔学生的衡量标准。因为高校体育教学开设各类课程就是为了帮助学生拓宽视野、增长见识，为了丰富学生兴趣爱好、满足学生多样化运动需求，绝不能使课程本身成为分化学生阶层的影响因素。

（四）推进体育资源共享，完善体育服务

终身体育理念倡导全民积极参与体育锻炼、养成良好的运动和生活习惯。要想使常态化的体育锻炼成为社会共识，并得到深入实践，必须以完整的配套设施和服务为基础。尽管体育场馆数量、体育场地面积、社会体育指导人员数量快速增加，群众体育事业发展整体向好，但公共体育场馆规划不足、数量有限，公共体育设施功能单一、安全隐患明显，

公共体育事业参与主体单一、社会功能有限等问题依然突出，制约了广大群众践行终身体育理念。因此，高校需积极承担社会责任，推进校内体育资源的开放共享，为完善公共体育服务贡献力量。高校应在周末、节假日、寒暑假等非教学时间向社会公众开放体育场地、场馆，使校内体育设施真正具备公共属性，以存量资源推动社会公共体育服务的供给扩容。此外，高校还需做好公共体育服务的安全保障工作。除定期检查、维修、更换体育场馆设施及配件外，高校还应在体育场地与场馆入口处、设施器材旁张贴开放管理制度、注意事项等内容，也应在条件允许的情况下，鼓励管理员、体育教师给予社会公众正确的运动指导和建议，从而为广大群众安全运动、科学锻炼提供保障。

总之，高校体育是一项关注学生价值与成长的复杂活动，其教学优化更是一个牵涉广泛、制约明显的漫长过程。在终身体育视域下，高校体育教学既要完成学校体育的培养任务，又要关注学生长远发展，需致力于学生终身体育理念的培养，使学生具备独立开展体育锻炼的知识和技能，充分实现学与用的完整衔接，实现学校体育到社会体育的顺利过渡，从而帮助学生构建关注个体价值、观照现实生活、终身受益的体育能力体系。

第二节　终身体育理念下高校体育教学改革的落实

纵观当下，高校教学改革倡导的主要内容包含将创新精神以及实践能力融入素质教育。高校体育作为素质教育的内容之一，应得到广泛重视。高校在体育教学改革中应坚持“以人为本”的主导思想战略和教育理念，逐步推进高校“终身体育”概念的形成和发展。

一、终身体育是高校体育教学的核心思想

高校体育指导思想多年来一直受到社会的重视和关注。在众多体育教学思想中最具特色与最适合当前社会经济发展要求的就是终身体育观，这是高校体育的核心思想。

第一，终身体育是实现大学教育目标的必然要求。高校体育服务于人

的道德、智力和身体的普遍发展，这是现代社会主义人才形成的普遍教育目标，也是学校最高水平的体育教育。对于大多数受过高等教育的人而言，这将是他们运动技能、运动训练成绩提高的最后一站。所以，高校体育教育的重点应是培养学生终生锻炼的意识、养成良好运动习惯及培养良好的运动能力，帮助和促进学生培养顽强的意志品质、健全的人格及良好的社会适应能力。只要学生了解终身运动并养成习惯，它就必定是学生生活中的宝贵资产。因此，促使学生形成正确的终身体育观念，提升学生体育行为、能力及习惯，同时为自己的人生树立远大奋斗目标是高校体育教育的最基本思想。

第二，开展终身体育是社会发展的必然结果。随着科学技术的飞速发展、生产力和生活水平的不断提高，人们越发认识到体育在生活中的重要性。再加上人们现在经济收入的提高、物质生活的改善，为了追求高品质的休闲活动内容及延长个人寿命，所以不可避免地对人体和心灵提出了更高的要求。体育自然而然成为不可或缺的手段之一，也必将成为当下和未来人群高品质生活的活力源泉之一。终身体育已经成为社会发展的必然趋势。

第三，终身体育是终身教育的重要组成部分。随着社会的进步与发展，“终身学习”的概念逐渐被人们广泛接受，这必然导致高校“终身体育”概念的形成和发展。“终身体育观”是20世纪90年代以来体育的改革和发展中提出的一个新概念。大学的终身体育旨在让人从一而终进行体育的锻炼并对体育教育进行持久的学习。终身学习的内涵中必然包括终身运动这一重要组成部分。

第四，终身体育是科学发展观产生和实施的具体体现。随着新时代的新发展，现代体育教育的发展趋势逐渐成为新一代体育人的重要研究课题。科学发展观坚持的是以人为本，整体、协调、可持续发展的美好愿景。从科学发展观的角度出发，我们需要对终身体育进行不断的论述和实践，关注未来、专注学生的终身学习，并为学生的终身学习奠定基础，不断地为现代体育教育内涵的提升带来新的思路。

二、落实终身体育改革要坚持“以人为本”

第一，“以人为本”的指导思想是科学发展观，是教育工作理念的实质和核心，也是大学贯彻教育工作指导思想必须发展的思想和核心。“以人为目的是学校体育以人为本的本质，以生为本是学校体育以人为本的基础，学生全面可持续发展是学校体育以人为本的终极目的。”①

第二，以人为本的教育理念是以学生为动力，为学生在校园积极营造良好的体育文化环境，对每个学生的个体差异应做到充分尊重，对学生的个性发展应做到重点强调，促使学生体验到生活中的价值同生活中的幸福，培养学生成为一个完整的人。这种教育理念应该源于学生的真实生活，满足他们对健身和娱乐的渴望，调节生活节奏，信任并依赖学生。学生不仅是体育教育的对象，也是体育教育的起点和目的，所以必须更合理地把体育同整个终身教育联系在一起，将其从简单的肌肉活动印象中与其他学科分割的对立面中释放开来，应努力使其与发展智慧、高尚的品质、行为的艺术和良好的社交等更密切地维系起来。

第三，体育作为人类社会活动的一种形式，应该是有趣、有用和有效的社会活动。快乐的体育活动所得到的体验应该是深刻的，因为大多数体育活动都能激发人们的兴趣。通常对某种活动感兴趣的人们可以形成相对稳定的心理倾向，因此可以主动调整自己的主观能动性、创造力和毅力，这对养成良好的运动习惯至关重要。一旦体育成为人们生活中不可或缺的重要组成部分，它就可以陪伴他们一生。

第四，体育学校中强调“以人为本”有两层含义：一方面，高校体育教育的主要目标是帮助学生健康成长，而最终目标就是让学生成为才华横溢的社会栋梁之材，并让他们过上人生后 50 年的健康生活；另一方面，做好体育教育必须充分调动学生的积极性与主动性，努力提升学生在大学体育学习中对自己的要求，掌握一至两种运动技能，形成良好的运动习惯，将“终身体育”推入学生的心中。高校以人为本的体育思想是在充分尊重和肯定人性和对人的潜在智慧的信念的基础上，以调动人的积极因素，充分激发人们的创造力。

弘扬“以人为本”的体育理念，是现代高等教育的核心价值所在，也是对不同层次的学生内部需求的满足。

① 李新威，李薇．以人为本视域下我国学校体育发展中的问题 [J]. 体育学刊，2016，23（5）：110.

三、落实终身体育改革的方案和具体措施

（一）课程设计尊重学生主体地位

体育课程建设应当着重突出学生的主体性：课程改革是当前高校体育改革的出发点和目标。为尽快落实“终身体育”的教育目标，有必要改革过时的课程目标，改变体育课教育现状，即改变学生不了解、不想学、不喜欢学习的现状，逐步接受“终身体育观”作为自己学习的指导思想。学生在学校教育的不同阶段接受不同程度的教育，但其自身的主体性始终未曾改变，学生必然是学习的主体，在体育课教学过程中，学生在教师的辅助下，依旧维持自身是体育学习和实践的探索者和发现者的身份，这也是主体地位能够稳固的内在依据。

体育课程欲发挥学生的主体地位，必然要发动学生的能动性、创造性以及独特性等主体性的品质。努力创建以学生为主体、为中心的课程体系，积极拓展校外体育课程资源，完善志愿体育计划和体系，使学生充分认识大学体育与终身体育之间的联系，并建立尽可能多的师生学习模式，让学生至少掌握两种运动技能加以激发。当学生主体价值被持续关注，其体育潜能才能被持续开发和利用，其个性才能得到全面发展。这样就能培养学生的热情和创造力，使学生养成良好的锻炼习惯，过上健康优质的生活。

（二）推进教学内容多样化与个性化

目前高校体育课程的教学内容比较单调，缺乏个性化和多样化。各学校通常根据竞技体育进行组织，并根据竞技体育的结构内容进行排列。尽管进行了多年的体育教学改革，但并未发生根本性的重大变化。高校体育课教育内容与中、小学基本类同甚至是重复的。因此，有必要根据各学校的体育设施和学生的实际情况创造条件，并制订各种教育计划以满足不同学生群体的需求。比如可以要求学生根据自己的兴趣和爱好，从大学的第一年开始，在每学期选择一个适合自己的运动项目。这样几年后，他们就可以较为熟练地掌握 1 ~ 2 种体育锻炼具体方法与技能，养成爱好并增加对运动的兴趣，直至形成持久与良好的运动习惯。此外，多样化的项目环境可以为学生提供更多的锻炼选择，极大地增加他们的学习热情，充分尊重和发展他们的个性。随着时间的流逝，“要我学”就会变成“我要学”，自觉锻炼的心理倾向也会越来越强，这对学生终身体育锻炼的发展有积极

影响。

（三）促进教学内容健身与娱乐化

尽管许多高校在理论上已经了解了终身体育的重要性，有些高校甚至通过改革形成了更好的课程，但一些高校正在强调完全按照竞技体育的要求运营这些课程。学生的日常健身和娱乐计划之间存在很大差距。因此在高校体育课教学过程中，兴趣教育应是重中之重。因为高校体育课教学的主要目标就是促进学生养成正确的体育观念，培养他们高品味的体育爱好。

高校体育教学应从实际情况出发，合理安排部分学生感兴趣的休闲运动，如武术、气功、瑜伽和其他传统体育运动，因为这些项目不需要很多空间和资金投入。此外，各高校还应对一些专用运动场设施及现代时尚运动内容进行一些必要投资，例如网球、家用健身器材、攀岩和悬挂式滑梯等，以适应不同爱好和不同性格的人群使用。这样就能较为充分地满足不同生活水平和不同爱好的学生从事体育锻炼和健身，在运动锻炼中通过出汗实现健身目的，获得幸福感。

（四）探索“俱乐部”式教学模式

体育课的“俱乐部”式教学模式是我国高校体育课程改革新形势下诞生的一种符合时代发展的全新的体育授课方式。“俱乐部教学是一种体现‘以学生为本’，且能更好地发展学生个性的教学模式。”[①]在高校体育课教学中，运用“俱乐部”式教学模式，符合现代高校体育课程教学方向，同时可以贴合社会实际的需要，完善主体的需求，同不断进步的社会发展形势接轨，这将会产生极大的社会经济效益。高校必修体育课的消失并不意味着这些学校不关注体育运动，只是变得不再强迫学生参加“填鸭式教学”之类的体育课，让一些对某些体育项目感兴趣的学生参加与学校俱乐部有关的活动，这样一些有才华的学生将在俱乐部中脱颖而出，并有机会参加较高水平的体育比赛。

“俱乐部”式教学模式是众多体育教学模式中的一种，其本质的发展

① 罗强．民族地区高校开设民族传统体育俱乐部教学可行性分析——以河池学院为例[J].当代体育科技，2022，12（4）：150.

方向依然是为大学生体质健康的提升作保障，同时兼顾大学生体育文化素养的培养，以达到终身体育锻炼思想在大学生群体内部的根植与生长。高校体育课教学中运用“俱乐部”式教学模式，让学生可以根据自己的爱好选择课程，这也是对“以人为本”教育理念的最好诠释。它有助于建立学生的信心，最大化他们的个性，释放他们的潜力，增强他们对运动的热情，并倡导“健康第一”。

（五）提倡体育课程的网络教学法

一场突如其来的全球新冠疫情，让人们充分认识到网络教学的重要性。时代在前进、科技在进步、网络在高速发展。互联网普及时代在搞好面对面体育教学的同时，体育课程教学还要充分利用网络资源，展示网络科技的魅力。如通过在网上公开授课内容和电子教案，使学生能够及时了解课程的进展情况，并进行有针对性的预习，达到教师和学生间的互动教学。此外，通过播放教学幻灯片还能将复杂技术充分分解，使学生对体育教学产生更加浓厚的兴趣。

（六）体育课程评价方式要多元化

目前，高校对体育课的评价大多采用最终成绩作为对学生的主要评价方法。这种评价学生成绩的内容和方法，重点是偏向的，所以是落后的。此评估的缺点主要是由于评估与课时同步结束，无法在教学过程中提供及时有效的反馈，也无法帮助师生按时提高教学效果。

第一，定性评估和定量评估相结合。体育教学作为一项复杂的教育活动，具有许多方面的不确定因素。例如学生的态度、身体素质、心理素质和其他指标不能通过定量方法来确定。所以他们能够完成的体育锻炼强度和运动负荷是不尽相同的。体育课教学中如果忽略这些定性指标，则体育教学评价是不完整和不够科学的。

第二，自我评估与其他评价相结合。一般传统的学生评价主要由教师来进行，但从现代教育的角度来看，学生的自尊心也是不可忽视的重要因素。学生对自我的评价更能提供有效的信息，这也应该是大学体育教学目标的要求。

第三，整合统一性评价和多样性评价。统一性评价是对学生的知识、技能和身体能力的统一评价，而评价的多样性始于学习者的发展兴趣，同一学习目标可以在不同时间以不同的方式进行评价。最后应将成果评价与过程评价有机整合在一起。

第四,注意运动过程的评价以及运动的客观效果。由于学生家庭背景、心理水平和身体素质等不同，不可能要求所有学生都达到相同的锻炼效果。所以，在最终评价结果时应更加注意运动过程的评价以及运动的客观效果，相应弱化对运动成绩的评价。这样就能测试学生是否可以通过运动在原来的基础上得到发展和提高。这是“以人为本”的体育理念要达到的最高境界和水平。

参考文献

[1] 兰文军，吴芳 . 终身体育理念下高校体育教育理论与实践创新——评《高校体育教育创新理念与实践教学研究》[J]. 教育理论与实践，2022，42（30）：3.

[2] 刘锦 . 高校体育教学模式新探索——评《体育教育的价值回归——促进大学生素质教育和终身体育培养的体育教学模式研究》[J]. 中国教育学刊，2017（12）：35.

[3] 殷征辉 . 终身体育理念下高校体育教学改革浅析 [J]. 高等农业教育，2015（4）：67-69.

[4] 李吉松 . 终身体育视域下高校体育“四位一体”教学模式的构建策略探索 [J]. 中国成人教育，2015（8）：153-155.

[5] 段立军 . 基于双因素理论谈高校体育教学效果的提升 [J]. 内蒙古师范大学学报（教育科学版），2015，28（5）：162-163.

[6] 秦勇 . 体育文化教育与大学生终身体育素养的培养 [J]. 黑龙江高教研究，2013，31（3）：73-76.

[7] 文小军 . 普通高校体育教学模式的创新 [J]. 中国成人教育，2012（17）：150-151.

[8] 王洪海 . 基于终身体育理念探讨高校体育教育的问题及对策 [J]. 中国成人教育，2011（11）：123-125.

[9] 周茗，付甲 . 高校体育教学模式改革探索 [J]. 中国大学教学，2011（12）：55-56.

[10] 郑国荣 . 从“终身体育”视角分析我国普通高校体育课程设置

的现状及应对策略 [J]. 山东体育学院学报，2011，27（12）：93-96.

[11] 沈雪 . 高校体育教育发展的目标、趋向与实践路径 [J]. 南京审计学院学报，2011（4）：102-105.

[12] 刘华菁 . 高校体育信息化教学变革的时代诉求与发展建议 [J]. 湖南工业职业技术学院学报，2023，23（1）：103-107.

[13] 付伟平 . 论高校健康体育观的树立与终身体育 [J]. 教育与职业，2010（2）：105-107.

[14] 李正贤 . 普通高校体育课程体系研究 [J]. 体育文化导刊，2010（7）：70-72，76.

[15] 曲爱英，林凤炎，刘海辉，等 . 普通高校体育教学改革与大学生终身体育相结合的研究 [J]. 山东体育科技，2009，31（3）：52-54.

[16] 杨荔平 . 浅析高校体育在素质教育中的作用 [J]. 教育与职业，2009（17）：130-132.

[17] 刘钢军 . 新时期高校体育教育改革的模式创新 [J]. 成都体育学院学报，2009，35（5）：88-90.

[18] 董海洋 . 影响高校体育教研有效因素分析及对策 [J]. 北京印刷学院学报，2017，25（4）：160-162.

[19] 欧阳萍 . 我国高校体育俱乐部教学模式分析与发展对策 [J]. 江西师范大学学报（自然科学版），2008，32（3）：376-378.

[20] 王诚民 . 普通高校体育课程教学的改革与探索 [J]. 教育探索，2007（6）：29-30.

[21] 张利 . 高校体育教学中学生智力因素的培养 [J]. 黑龙江高教研究，2007（5）：173-174.

[22] 朱雪宇 . 普通高校体育教育存在的问题与对策的思考 [J]. 南京体育学院学报（社会科学版），2006，20（1）：73-75.

[23] 张相林 . 体育新课程课堂教学中激励机制的运用 [J]. 教学与管理（理论版），2006（8）：137-138.

[24] 李强 . 高校体育教育服务于全民健身的人文特征思考 [J]. 南京体育学院学报（社会科学版），2005，19（6）：41-43.

[25] 王欣，尹斯年，陈杰，等 . 加强社会体育与高校体育接轨进一步推动高校体育教学改革的研究 [J]. 南京体育学院学报（社会科学版），2005，19（6）：162-165.

[26] 王代波 . 从竞技运动与终身体育教育的关系谈高校体育教学改革 [J]. 武汉体育学院学报，2004，38（1）：117-118，123.

[27] 任洪波 . 对新时期高校体育教学的思考与探析 [J]. 内蒙古师范大学学报（教育科学版），2004，17（11）：128-129.

[28] 傅光磊 . 关于高校体育教学中对学生终身体育意识、情感和习惯的培养 [J]. 南京体育学院学报（社会科学版），2003，17（6）：101-102.

[29] 王爱华 . 普通高校体育教师队伍建设的思考 [J]. 体育文化导刊，2003（9）：60-61.

[30] 谢斌，罗卫东 . 高校体育教学中学生思维能力的培养 [J]. 南京体育学院学报（社会科学版），2003，17（6）：120-122.

[31] 刘兰池 . 身体与人格并重的体育教学探索与实践 [J]. 才智，2023（9）：117-120.

[32] 邱妍妍 . 文化融合与课程设置——高校体育教学的美学转变 [J]. 黑河学院学报，2023，14（3）：170-173.

[33] 韩璐 ."健康中国"理念下高校体育教学的新思路 [J]. 体育科技文献通报，2023，31（3）：171-173.

[34] 韩元杰，刘国玉 ."互联网 + 教育"视域下大学武术教学改革研究 [J]. 当代体育科技，2023，13（7）：160-163.

[35] 陈威 . 高校体育教学中课内外一体化教学模式的构建探究 [J]. 豫章师范学院学报，2023，38（1）：52-56.